Spannung zwischen Bäumen

Handbuch für temporäre Seilelemente
2. überarbeitete Auflage

Philipp Strasser

ziel
Gelbe Reihe : Praktische Erlebnispädagogik

Wichtiger Hinweis des Verlags: Der Verlag hat sich bemüht, die Copyright-Inhaber aller verwendeten Zitate, Texte, Bilder, Abbildungen und Illustrationen zu ermitteln. Leider gelang dies nicht in allen Fällen. Sollten wir jemanden übergangen haben, so bitten wir die Copyright-Inhaber, sich mit uns in Verbindung zu setzen.

Inhalt und Form des vorliegenden Bandes liegen in der Verantwortung des Autors.

Bibliografische Information der Deutschen Nationalbibliothek
Die Deutsche Nationalbibliothek verzeichnet diese Publikation in der Deutschen Nationalbibliografie; detaillierte bibliografische Daten sind im Internet über *http://dnb.d-nb.de* abrufbar.

Printed in Germany

ISBN 978-3-940 562-44-9

Verlag:	ZIEL – Zentrum für interdisziplinäres erfahrungsorientiertes Lernen GmbH Zeuggasse 7–9, 86150 Augsburg, www.ziel-verlag.de 2. überarbeitete Auflage 2010, Nachdruck 2014
Grafik und Layoutgestaltung:	Petra Hammerschmidt, Vanessa Schnurre, Friends Media Group GmbH Zeuggasse 7, 86150 Augsburg
Gesamtherstellung:	Friends Media Group GmbH www.friends-media-group.de
Zeichnungen:	Philipp Strasser
Fotos:	Philipp Strasser, Traude Steurer, Michael Katzler, Petra Schuster

© Alle Rechte vorbehalten. Kein Teil dieses Buches darf in irgendeiner Form (Druck, Fotokopie oder einem anderen Verfahren) ohne schriftliche Genehmigung des Verlags reproduziert oder unter Verwendung elektronischer Systeme verarbeitet, vervielfältigt oder verbreitet werden.

Gedruckt auf Recystar matt (100% Altpapier, „Blauer Engel")

Mit besonderem Dank an Walter Siebert, der für zahlreiche Übungen die Standard Operating Procedures zur Verfügung gestellt und die sicherheitstechnische Endüberprüfung des Buches übernommen hat. Sein unermüdliches Streben nach Sicherheit und der Wille, diesbezüglich immer wieder alles zu hinterfragen – kombiniert mit der Offenheit, anderen Menschen zuzuhören und sich gegebenenfalls von deren Argumenten und Erfahrungen umstimmen zu lassen, sind beeindruckend.

Vielen Dank für die Unterstützung auch an …
… Petra Schuster, deren Anwesenheit und wunderschönes Haus im Ennstal die perfekte Umgebung zum Schreiben dieses Buches boten (und die auch das Foto von mir geschossen hat …)
… Anita Nemeth, Ursula Schürer, Traude Steurer, Veronika Wassertheurer, Andrea Obereigner, Rainer Kudrna, Andrea Pfeiffer, Barbara Tegtbauer, Sandra Wehowar und Thomas Wielander für die Mithilfe bei den zahlreichen Erstbauten
… Gert Schweiger, der über den besten Wald zur Errichtung von temporären Seilbauten verfügt und diesen zur Verfügung stellte
… Barbara Kleemair, Nora Schütz und Sigi van Bosche, Phillip Rehberger (Coverfoto) kletternde Fotomodells
… Michael Rehm, für's Korrigieren, Änderungsvorschläge und für den „Tritt in den Hintern" dieses Buch jetzt endlich rauszubringen
… Herbert Philipp, der sich unermüdlich auf die Suche nach Kommafehlern und sonstigen Ecken und Kanten im Text gemacht hat
… und an all jene, die durch Feedback und Anregungen über das Buch in der ersten Auflage mitgeholfen haben, diese nun vorliegende zweite Auflage noch verständlicher und praktischer zu gestalten

Philipp

Inhaltsverzeichnis

Vorwort	7
Einleitung	8
Risiken und Gefahrenhinweise	12
Redundanz, Zero Accident und andere Sicherheitsthemen	13

Was ist ein temporäres Seilelement beziehungsweise ein temporärer Seilgarten? — 15

Materialbelastungen in der temporären Seilarbeit	19
Teilnehmersicherung in Bodennähe	27
Low V	29
Der Wickelknoten	36
Der externe Flaschenzug	38

Expressflaschenzug, Kreuzklemmknoten, Schleifknoten, Mercedesknoten	41
Schraubglied oder Verschlußkarabiener	45
Postman's Walk	47
Anbringen von Aktionselementen am gespannten Seil	49
Low Buckets	51
Pizzeria, Autoreifen, Wobbly Logs	53
Anbringen eines Seiles in der Höhe ohne Beklettern des Baumes	55
Sanduhr und Ship's Crossing	58
Anbringen einer Baumschlinge in der Höhe ohne Beklettern des Baumes	62
Multivine Traverse	66
Pulleywalk, Deep Buckets	68

Der Mohawk Walk 69

Der Waldspielplatz 72

Low Wobbly V 73

Der Schmetterlingsknoten 75

Achterknotenschlinge versus Schmetterlingsknoten 76
Niedere Zugbrücke 77
Schritte auf dem Mond 80

Hohe temporäre Elemente 83

N Sicherung für einen Teilnehmer 84

Das Sicherungsdreieck 86

Teilnehmer-sichern-Teilnehmer 88
   Der Elevator 90
   Langer Weg zum Himmel 93

Beko N Sicherung für zwei oder mehr Teilnehmer 97
   Die Riesenleiter 99

Der Kastenbund 103
   Das vertikale Labyrinth 106

Stationäre Toprope mit Canopee über Element 109
   Das Kistenklettern 110

Der interne Flaschenzug 113
   Der Elevator mit internem Flaschenzug 115
   Feuerleiter 118

Mitlaufende Toprope für einen Teilnehmer 126
   Wolf im Schafspelz 127
   Fertig zum Beamen 131
   Assisted Wobbly Logs 136

Mitlaufende Toprope mit Canopee über Element für zwei Teilnehmer 140
   Hohe Zugbrücke 141

Quellenverzeichnis 144

Der Autor 145

Vorwort

Vor ungefähr 20 Jahren habe ich den Begriff „Zero Accident" auf den Bereich Hochseilgarten/Ropes Courses übertragen. Als Bergführer war ich bei meiner Tätigkeit immer mehr in die Zwickmühle geraten: Ich konnte einerseits meinen Kunden tolle Erlebnisse ermöglichen, andererseits war ich alljährlich mit schweren Unfällen konfrontiert. Umso begeisterter war ich, als ich von meinem Freund Bill Daniels das Konzept „Zero Accident" lernte. Meine Begeisterung wollte ich mit anderen Kollegen teilen – und erntete großteils Ablehnung.

Umso erfreulicher, dass Philipp Strasser mit diesem Buch ein oft vorgebrachtes Argument widerlegt: Es ist tatsächlich möglich, unzählige Übungen nach diesem Konzept zu bauen.

Allerdings wird er sich damit nicht nur Freunde machen.

Ein Beispiel: Er empfiehlt, den Mohawk Walk und ähnliche Low Elemente durch 4 Sicherer pro übende Person zu sichern (spotten, wie es im englischen heißt). Nun ist bekannt, dass diese Übung häufig völlig ohne Sicherung gemacht wird. Wie geht es so einem Trainer, der dieses Buch liest? Das Logische wäre, das Sicherheitskonzept zu verändern und fortan mit Vierer-Sicherungsteams zu arbeiten. Doch meine Erfahrung ist leider eine andere. Obwohl Unfälle passieren, wird darauf oft nicht reagiert. Wenn sich ein Kind einen Arm bricht, „gehört das einfach dazu".

Dieses Buch könnte ein Beitrag sein, dass es einfach nicht mehr dazugehört, und dass dennoch das Erlebnis nicht leidet. Es sind übrigens immer nur Trainer, die mit „so viel Sicherheit" ein Problem haben (abgesehen von undisziplinierten Gruppen, die sowieso mit jedem System ein Problem haben, egal ob redundant oder nicht).

Philipp Strasser hat nur bewährte Konstruktionen und Prozesse aufgenommen.
Somit besteht die Hoffnung und Chance, dass sich in diesem Bereich etwas verändert: Tolle Erlebnisse mit lediglich erlebtem Risiko.

Walter Siebert

Einleitung

Die Nutzung der Natur als Raum für Erholung und Abenteuer hat lange Tradition. Zunächst wurde sie genau so verwendet wie sie sich selber gestaltet, lediglich Wege verschafften Zugang. Erst im zwanzigsten Jahrhundert entwickelte sich der Trend, die Natur weitläufig zu verändern, um sie noch besser und vor allem für die breite Masse und damit für die Freizeitwirtschaft nutzbar zu machen. Die Errichtung von Liftanlagen und das Anlegen von Skipisten sind eines der am deutlichsten sichtbaren Beispiele für diese Art der Eingriffe.

In den letzten Jahren wird diese Entwicklung auch im Sommerfreizeitbereich immer deutlicher sichtbar, der Bau von Sommerrodelbahnen aber ebenso Waldseilparks boomt. Diskussionen über die Verwendung von Beton im Wald oder die Notwendigkeit von Kernbohrungen in Bäumen sind in Fachkreisen in der Zwischenzeit an der Tagesordnung. Wie weit ist es ethisch vertretbar, die Natur zu verändern, um sie besser für Freizeitzwecke nutzen zu können?

Auch die temporäre Seilarbeit nutzt primär die Natur als Raum für Abenteuer und Erlebnis. Sie bietet jedoch die Möglichkeit, jeden verwendeten Ort genau so zu verlassen, wie er vorgefunden wurde. Natürlich ist es unvermeidbar, dass alleine durch die Anwesenheit von Menschen die Tiere des Waldes gestört werden können, der Boden sich verdichten kann und auch trotz der Verwendung von Baumschonern jede Berührung eines Baumes leichte Spuren hinterlassen kann.

Der berühmte Bergsteiger Edmund Hillary brachte dieses Thema auf den Punkt:
„Nichts mitnehmen außer Fotos – nichts hinterlassen außer Fußspuren".

Die temporäre Seilarbeit ermöglicht es, herausfordernde Seilelemente in die verschiedensten Örtlichkeiten zu zaubern. Bäume, Felsen, Brücken oder Häuser können ebenso integriert werden wie Beton- und Stahlkonstruktionen in Sporthallen oder Einkaufszentren.

Die Seilelemente können bodennah konstruiert werden oder Teilnehmer in Schwindel erregenden Höhen den Atem stocken lassen. In der Abgeschiedenheit von Wäldern und Bergen oder im Tumult der Städte, für temporäre Seilelemente ist (fast) überall Platz.

Doch nicht nur von den Räumlichkeiten her bietet die temporäre Seilarbeit unendliche Möglichkeiten. Auch die einzelnen Elemente bieten Variationen für alle Arten von Zielgruppen. Kleinkinder oder Fünfzig-Plus, Rollstuhlfahrer oder Menschen mit anderen besonderen Ausgangslagen, Kletterer oder Büroangestellte, einzelne Personen oder große Gruppen, in der temporären Seilarbeit gibt's für jede Zielgruppe das passende Element. Teambildung, Kommunikation, Aggressionsbewältigung, das Kennen lernen und möglicherweise

Handbuch für temporäre Seilelemente

Überschreiten eigener Grenzen oder einfach nur Spaß am Klettern, an der Bewegung und an der Höhe – auch die Motive und Ziele verschiedener Übungen lassen sich mannigfaltig aufbereiten.

Das verwendete Material wie Seile, Verschlusskarabiner, Abseilgeräte oder Rollen stammen ursprünglich zum Großteil aus dem Alpinismus, jedoch gerade bei stark frequentierten Elementen empfehlen sich teilweise besser geeignete Gerätschaften aus dem Industrieklettern und aus der Arboristik. Gerade im bodennahen Bereich, insbesondere bei der Verwendung von Schwerlastgurten, kann die Belastungsgrenze von herkömmlichen Klettermaterialien oftmals nicht mehr ausreichen.

Weiters lassen sich Rundlinge und andere Hölzer ebenso integrieren wie Autoreifen, Luftballons, Stoffe und so weiter – solange die Regeln der Sicherheit befolgt werden, sind der Phantasie nahezu keine Grenzen gesetzt.

In diesem Buch werden zahlreiche neue Elemente vorgestellt, herkömmliche Elemente wurden überarbeitet und auf den neuesten Stand der Technik und Sicherheitsanforderungen gebracht. Der Schwerpunkt dieses Buches liegt beim Bau und bei der Konstruktion dieser Elemente.

Für diese zweite Auflage wurden einige Tipps und Tricks verbessert und Darstellungen leicht adaptiert. Aufgrund einiger Hinweise von Lesern, wurde der unterschiedliche Gebrauch von Schraubgliedern und Verschlusskarabinern in der temporären Seilarbeit in einem eigenen Kapitel herausgearbeitet.

Zunächst werden niedrige Elemente ohne Seilsicherung vorgestellt. Mithilfe zahlreicher hier vorgestellter Tricks können etliche niedere Elemente errichtet werden, ohne während des Baus den Boden zu verlassen. Dies kann besonders für Personen relevant sein, die im Zuge ihrer Arbeitstätigkeit aus rechtlichen Gründen nicht in der Höhe arbeiten dürfen.

Im Anschluss werden hohe Elemente beschrieben, die an den Erbauer noch relativ geringe Anforderungen stellen, so ist etwa beim Kistenklettern lediglich eine Toprope-Sicherung zu verlegen. Weiters werden Elemente mit aufwändigeren Konstruktionen gezeigt, wie etwa die hohe Zugbrücke oder die Feuerleiter, die sowohl klettertechnisch als auch architektonisch den Erbauer vor weit höhere Anforderungen stellen. Passend zu den jeweils besprochenen Übungen werden zahlreiche Tricks und Sicherungshinweise erläutert.

Das Buch baut insgesamt chronologisch auf. Sie erhalten Tipps und Tricks zur Konstruktion eines Elements, aber auch zu dessen Betrieb und Sicherung und jeweils im Anschluss die Elemente, bei denen das Gelernte Anwendung findet.

Knoten, Bünde oder Bauweisen, die besonders in der temporären Seilarbeit Anwendung finden, werden detailliert und mit zahlreichen Darstellungen erklärt, Anwendungen, die auch in anderen Bereichen angewandt werden, wie etwa der Achterknoten oder der Halbmastwurf, werden in diesem Buch nicht näher erörtert.

Besonders erfreulich ist, dass der Outdoorbereich keine reine Männerdomäne mehr darstellt. Frauen am Berg, egal ob Bergführerinnen oder Skilehrerinnen, waren noch bis in die Mitte des letzten Jahrhunderts eine Ausnahmeerscheinung. Heute dürfte die Zahl der Frauen beziehungsweise Männer, die im Outdoorbereich tätig sind, annähernd gleich hoch sein. Trotzdem wird aus Gründen der leichten Lesbarkeit auf genderneutrale Formulierungen in diesem Buch verzichtet. Eine Formulierung wie „Der (Die) Trainer/Trainerin ist dafür zuständig, den jeweiligen aktiven Teilnehmer/die jeweilige aktive Teilnehmerin bzw. die Spotter/Spotterinnen auf diese Gefahren hinzuweisen und das richtige bodennahe Sichern bereits „im Trockenen" solange zu üben, bis es ohne Diskussion und Trainer/Trainerinnenintervention funktioniert." stellt durch die Unverständlichkeit eher ein Sicherheitsrisiko dar.

Dieses Buch soll nicht nur vorhandene Elemente und neue Ideen präsentieren, es soll zur Diskussion über Technik, Sicherheit, Bauweisen und das rechtliche Regelwerk rund um die Seilarbeit anregen – und es soll aufzeigen, dass Kreativität und Sicherheit kein Widerspruch sind, im Gegenteil, sie gehen Hand in Hand.

Risiken und Gefahrenhinweise

1. Dieses Buch richtet sich an Ropes Course Trainer und andere Fachkräfte, die bereits über eine fundierte Ausbildung und Praxis in der Seilarbeit verfügen. Diese sind Grundvoraussetzung für den Bau und Betrieb der hier beschriebenen Elemente.

2. Das Buch ersetzt nicht eine fundierte Ausbildung im Bereich der Seilarbeit.

3. Wissensbereiche wie Arboristik (Baumkunde), Seil- und Materialkunde, Wetterkunde, rechtliche Aspekte der Outdoorarbeit, Sicherungs-, Rettungs- und Bergetechniken, Knotenkunde und Leitung von Gruppen werden in diesem Buch nicht vollständig behandelt und als bereits gegeben vorausgesetzt.

4. In diesem Buch werden lediglich Konstruktionspläne temporärer Seilelemente und nur peripher deren Bau und Betrieb behandelt. Das Wissen über Standortauswahl, Eigensicherung, Teilnehmersicherung (mit Seilen, spotten etc.), Teilnehmereignung für die jeweiligen Übungen und so weiter wird vorausgesetzt.

5. Dieses Buch ist zum Zeitpunkt der Veröffentlichung auf aktuellem Stand. Es entbindet den Erbauer beziehungsweise den Betreiber der jeweiligen Anlage nicht, sich über Änderungen beim Bau, beim Betrieb, beim Material, bei der Gesetzgebung, bei Normen und Standards und so weiter zu informieren. Weiters sollen Erfahrungen weitergegeben und die Elemente eigenständig auf Fehler überprüft und diese gemeldet werden.

6. Eine fundierte Ausbildung und Erfahrung im Bau von Seilelementen ermöglicht es dem Erbauer beziehungsweise dem Betreiber der hier beschriebenen Elemente und Übungen, Fehler beim Material, in den Beschreibungen oder mögliche missverständliche Formulierungen eigenständig festzustellen, daraus mögliche Risikoquellen zu erkennen und Schäden zu vermeiden.

7. Der Autor haftet nicht für Schäden, die im Zusammenhang mit dem Bau und dem Betrieb der hier beschriebenen Elemente auftreten.

8. Es sollen nur Übungen angewandt werden, die die psychische und physische Sicherheit der TeilnehmerInnen gewährleisten.

9. Lesen Sie vor dem Bau beziehungsweise dem Betrieb einer der hier beschriebenen Übungen den gesamten Kommentar und berücksichtigen Sie den chronologischen Aufbau dieses Buches.

Redundanz, Zero Accident und andere Sicherheitsthemen

Die in diesem Buch vorgestellten Übungen und Elemente sind nach bestem Wissen und Gewissen nach dem neusten Stand der Sicherheit ausgesucht und aufbereitet. Die Übungen sind in der Regel redundant gebaut.

Redundanz bedeutet, dass alle sicherheitsrelevanten Bereiche mit doppelter Sicherheit ausgelegt sind. Sie bezieht sich jedoch nicht nur auf das Material und die Bauweise, Redundanz ist gerade dort besonders wichtig, wo menschliches Versagen zu einem Unfall führen kann. Das Vier-Augen-Prinzip und klare Kommunikation zwischen zwei Verantwortlichen, zum Beispiel beim Überprüfen des Sicherungsgurtes oder beim Einhängen eines Teilnehmers in die Sicherung, stellen einen wesentlichen Punkt der Redundanz dar – auch wenn dieser Aspekt in diesem Buch nur oberflächlich behandelt wird.

Ob ein Element tatsächlich redundant gebaut ist, lässt sich am besten prüfen, indem man fragt: „was würde passieren, wenn dieser Karabiner versagt" oder „…ich dieses Seil zerschneide" oder „…dieser Ast bricht". Ein tatsächliches Versagen der ersten Sicherungskette muss es in diesem Sinne ermöglichen, den betroffenen Teilnehmer immer noch sicher auf den Boden zurück zu bringen – die zweite Sicherungskette hat daher nicht unbedingt den Anspruch, das Wesen der Übung zu erhalten, sondern lediglich, den betroffenen Teilnehmer weiterhin abzusichern. Es ist daher nicht unbedingt nötig, dass erste und zweite Sicherungskette identisch gebaut werden. Überall dort, wo menschliches Versagen zu einem Absturz führen kann, also etwa Karabiner, die bei Teilnehmerwechseln ein – und ausgehängt werden, ist die Redundanz ein Muss.

Es gibt jedoch auch Bereiche, wo die Redundanz an ihre Grenzen stößt oder sich selber ad absurdum führt. Nicht redundante Teilbereiche in diesem Buch werden klar gekennzeichnet und es wird erklärt, warum gerade hier auf Redundanz verzichtet werden musste. Dort, wo Redundanz sinnvoll nicht geboten werden kann, sollte stattdessen eine angemessene Materialüberdimensionierung verwendet werden, also etwa doppelte Bruchlast wie bei redundanter Bauweise.

Fazit

Redundanz überall dort, wo sie sinnvoll möglich ist, ein Weglassen der Redundanz verursacht Erklärungs- und Handlungsbedarf.

Neben der Redundanz ist auch die Kontinuierlichkeit der Sicherheit ein wesentliches Thema. Daher werden in diesem Buch keine aufeinander folgenden Übungen gezeigt, bei denen sich der Teilnehmer eigenständig mit Hilfe eines Klettersteigsets umhängen muss und sich damit im schlimmsten – aber leider immer wieder auftretenden Fall – eigenständig entsichern und damit in Lebensgefahr bringen kann.

Auch beim Zero Accident Prinzip sind die Redundanz und die kontinuierliche Sicherung ein wichtiges Thema. Der von Walter Siebert geprägte Begriff „Zero Accident" bedeutet nicht, dass es niemals zu einem Unfall kommen kann – es bedeutet lediglich, dass kein Unfall oder Vorfall unberücksichtigt bleiben soll[1]. Kommt es bei einem Material, einer Bau- oder Vorgehensweise zu einer tatsächlichen Gefahr oder zu einem Unfall, so muss ergründet werden, ob es einen Zusammenhang zwischen dem Schaden und der angewendeten Methode gibt – wenn ja, so muss diese verbessert oder weggelassen werden. Weiters ist es auch wichtig, dieses Gefahrenpotential anderen Betroffenen zugänglich zu machen, hier bieten sich besonders fachspezifische Internetforen an, z.B. www.rcforum.cc.

Verschiedene Errichter und Betreiber von Seilkonstruktionen entwickeln jeweils ihre eigenen Bauweisen und erarbeiten sich im Laufe der Zeit viel Know How. Selbstverständlich ist dieses Know How ein Vorsprung gegenüber konkurrierenden Anbietern und wird teilweise nur ungern oder gar nicht weitergegeben – das ist verständlich. Beim Aspekt der Sicherheit muss diese Abschottung ein Ende haben, hier ist es eine Frage der Ethik, nicht nur Unfälle und Vorfälle zu veröffentlichen, sondern auch Neuentwicklungen dem gesamten Markt zugänglich zu machen.

---

[1] Walter Siebert: Zero Accident. Qualitätsstandards für erlebnisorientierte Wirtschaftstrainings

Was ist ein temporäres Seilelement beziehungsweise ein temporärer Seilgarten?

Bis vor kurzem waren diese Begriffe frei und konnten von jedermann nach Lust und Laune definiert werden. In der Seilgartennorm (EN 15567, wirksam ab 2008) findet sich erstmals eine Begriffsabgrenzung, und zwar um festzuhalten, welche Seilbauten von der Norm betroffen sind und welche nicht. Die Norm unterscheidet *stationäre Seilgärten, mobile Seilgärten* und *temporäre Seilelemente*.

Unter dem Begriff *stationärer Seilgarten* fallen Abenteuerseilgärten oder Waldseilparks, egal ob sie mittels Self-Belay (Klettersteigset), Schienensysteme, semi-kontinuierliche Systeme (z.B. SSB System) oder auch Toprope gesichert werden. Auch *Seminarseilgärten* und fix installierte Seminarelemente wie etwa ein Pampers Pole oder eine Riesenleiter, die in der Regel Toprope oder mittels N-Sicherung gesichert sind, werden als *stationärer Seilgarten* bezeichnet und durch die Seilgartennorm geregelt.

Mobile Seilgärten sind transportabel und können auf beliebigen Flächen aufgebaut werden. Mobilität bedeutet hier, dass das Tragwerk selbst mobil ist, also etwa ein Stahl- oder Holzgerüst, in welches diverse Seminar- oder auch Abenteuerübungen eingehängt werden. Verschiedene Bauweisen können für Seminarelemente, wie etwa ein Pampers Pole oder eine Riesenleiter, eingesetzt werden, andere Konzepte beruhen auf der schnellen Montage von Abenteuerseilparks mit mehreren hintereinander angeordneten Elementen (zum Beispiel Burma Bridge oder Multivine Traversen) für Messen oder andere Veranstaltungen. Auch diese Seilgärten müssen die Norm erfüllen.

Temporäre Seilgärten bzw. *temporäre Seilelemente* werden üblicherweise zwischen Bäumen oder anderen bereits vorhandenen – nicht mobilen – Anschlagpunkten innerhalb kurzer Zeit und nur für einen begrenzten Zeitraum errichtet und nach Beendigung des Betriebes wieder vollständig abgebaut. Bäume und Umfeld können und sollen im selben Zustand verlassen werden, wie sie ursprünglich vorgefunden wurden.

Solange sie nicht länger als sieben Tage bestehen bleiben, unterliegen sie nicht der Hochseilgartennorm. Darunter ist prinzipiell zu verstehen, dass sie nicht wie andere Seilgärten von einer Zertifizierungsstelle abgenommen werden müssen und dass die Anschlagpunkte hier nicht von einem Statiker oder Arboristen (Baumsachverständigen) überprüft werden müssen. Im Sinne der objektiven Sorgfaltspflicht muss der Errichter bzw. der Betreiber eines temporären Seilelements jedoch bei der Auswahl des Materials, der Anschlagpunkte und aller anderen Kriterien nach neuestem Stand der Technik und der

Sicherheit agieren – auch wenn er von der Verpflichtung, seine Arbeit extern kontrollieren zu lassen, prinzipiell entbunden ist. Spätestens im Falle eines Unfalles mit Personenschaden wird sich auch der Errichter oder der Betreiber einer temporären Seilanlage Fragen über seine Qualifikation und über die verwendete Bauweise, das Material und so weiter gefallen lassen müssen – und die Seilgartennorm wird möglicherweise vom Gerichtssachverständigen als Anhaltspunkt herangezogen.

Ein temporäres Seilelement besteht in der Regel aus dem Tragwerk, dem Aktionselement und – falls die Teilnehmer den Boden um mehr als etwa einem halben Meter verlassen – aus einem Sicherungselement. Bodennahe Elemente kommen ohne Sicherungselement aus, da hier in der Regel von Menschen gespottet wird. Die Norm selber unterscheidet nicht zwischen hohen und niederen Elementen, sondern spricht sinngemäß lediglich von einer adäquaten Sicherung. In diesem Buch sind mit niederen Elementen all jene Übungen gemeint, bei denen die Teilnehmer keinen Sicherungsgurt tragen, sondern von anderen Personen direkt gesichert werden.

Bei niederen Elementen können jedoch auch die Spielplatznormen (EN 1176 und EN 1177) zum Zug kommen. Ein Spielplatz unterscheidet sich von einem Hochseilgarten dadurch, dass er frei zugänglich und ohne Beaufsichtigung verwendet werden darf. Ein unbeaufsichtigtes und öffentlich zugängliches temporäres Element fällt nach strenger Auslegung unter die Spielplatznormen. Diese Normen regeln unter Anderem ganz klar, dass ein Spielplatz frei von sogenannten Fangstellen sein muss. Das bedeutet, dass das Spielelement so konstruiert sein muss, dass sich Benutzer nirgends einklemmen können. Auch Komponenten mit scharfen Kanten haben in einem Spielplatz nichts zu suchen – wodurch die Verwendung von Ratschengurten kaum möglich wäre. Die EN 1177 wiederum regelt die Höhe von Spielelementen beziehungsweise die darunterliegenden falldämpfenden Böden. Sie kann beim Sicherungskonzept von Seilelementen als Anhaltspunkt herangezogen werden.

Hohe Elemente sind all jene Elemente, bei denen Teilnehmer einen Gurt tragen und durch diverse später beschriebene Seilsicherungen gegen Absturz gesichert sind.

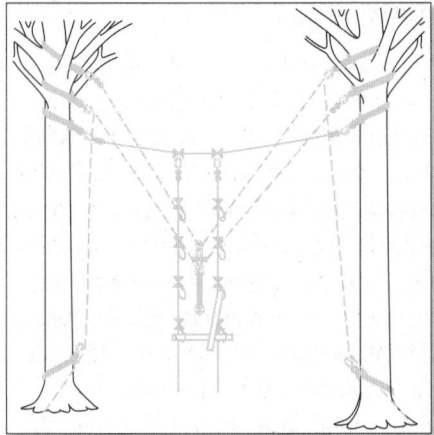

Tragwerk

Als Tragwerk wird jener Teil der Konstruktion bezeichnet, an dem das Aktionselement und das Sicherungselement befestigt sind. In der temporären Seilarbeit handelt es sich dabei zumeist um Bäume, aber auch andere Ankerpunkte, wie etwa Felsen oder Gebäude, kommen in Frage.

Das Tragwerk ist denselben Kräften ausgesetzt wie die Ankerpunkte, also zum Beispiel Baumschlingen und Karabiner. Im Zweifelsfall können tragende Bäume nach hinten abgespannt werden.

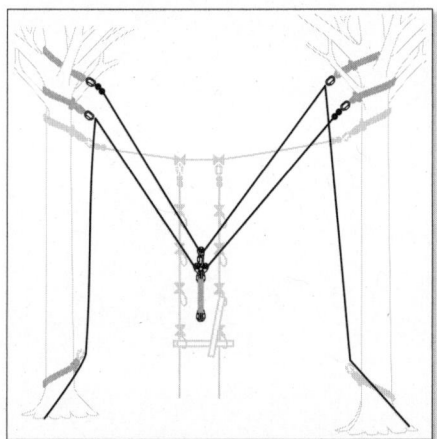

Sicherungselement

Als Sicherungselement werden jene Teile des Elements bezeichnet, die den Teilnehmer im Falle eines Sturzes vor einem Schaden bewahren. Weiters kann das Sicherungselement, etwa eine Toprope Sicherung, auch zum kontrollierten Ablassen eines Teilnehmers von der Übung verwendet werden. Zusätzlich kann die Seilsicherung auch dazu genutzt werden, Teilnehmern beim Aufstieg durch Zug am Seil zu helfen. Niedrige Elemente kommen in der Regel ohne Sicherungselemente aus, da die aktiven Teilnehmer durch spottende Teilnehmer oder andere Voraussetzungen (z.B. Wasserfläche) geschützt sind. Bei hohen Elementen wird durch Canopees mit Toprope oder etwa einer N Sicherung gesichert.

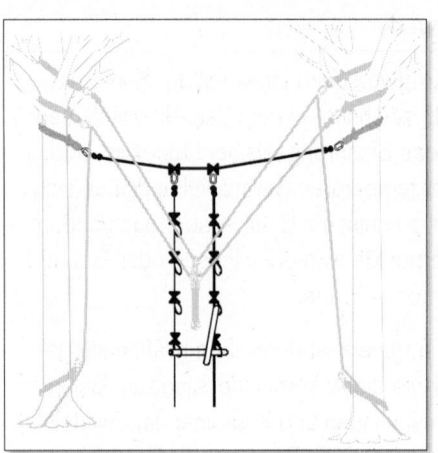

Aktionselement

Das Aktionselement ist die Übungsaufgabe selbst. Es muss nur insofern Sicherheitsanforderungen erfüllen, als dass sich der aktive Teilnehmer daran nicht verletzen kann. Das bedeutet etwa, dass Bretter über keine scharfen Kanten und Ecken verfügen dürfen oder dass bodennah verlegte Spanngurte versorgt werden. Weiters muss verhindert werden, dass Teile des Aktionselements darunter stehende passive Teilnehmer verletzen können oder dass durch herab fallende Teile Schaden am Boden angerichtet werden kann.

Materialbelastungen in der temporären Seilarbeit

Alle Übungen, die in diesem Buch beschrieben werden, sind zwischen zwei oder mehreren Anschlagpunkten, zumeist Bäumen, verlegt. Durch die Belastungen auf Seile oder Schnellspanngurten durch Teilnehmer können auf das Material oder die Bäume ungeahnte Kräfte wirken – daher beschäftigt sich dieses Buch, noch bevor die erste Übung beschrieben wird, mit diesem zugegebenermaßen trockenen, aber besonders wichtigen Thema.

Kletterkarabiner aus Aluminium verfügen üblicherweise über eine Bruchlast von etwa 19 bis 24 Kilonewton (kN) bei Normalbelastung (längs) und etwa die Hälfte bei fehlerhafter Belastung (Offen- oder Querbelastung). Zur Vereinfachung wird hier in der Folge mit einer möglichen Belastung von 20 kN für Klettermaterial ausgegangen. 20 kN sind grob gerechnet 2000 Kilogramm (kg), das ist in etwa das Gewicht einer Luxuslimousine. Ein durchschnittlicher Mensch wiegt etwa 70 bis 90 kg, also weniger als ein Kilonewton. Dieser große Sicherheitsspielraum kann trügerisch sein, das folgende Beispiel soll demonstrieren, dass gerade in der temporären Seilarbeit die Belastungsgrenzen von herkömmlichem Klettermaterial ohne weiteres erreicht, bei unsachgemäßer Verwendung sogar überschritten werden können.

Neben dem Gewicht des Teilnehmers müssen noch folgende Kriterien in Betracht gezogen werden, die die Kräfte erhöhen:

- **Anzahl der Menschen, die sich belastend auswirken:** Wird eine Übungen von einem oder mehreren Teilnehmern verwendet? Wie kann verhindert werden, dass sich mehr als die geplante Anzahl an der Übung zu schaffen macht? Bei einem Absturz oder einem Ablassen bei einer Toprope Sicherung wirken sich sowohl das Gewicht des Gesicherten als auch des Sichernden aus.

- **Bewegungsenergie der Gewichte:** Diese lässt sich durch ein einfaches Beispiel erkennen. Wenn sich ein Mensch ruhig auf eine Waage stellt, so wird sein tatsächliches Gewicht angezeigt. Springt nun derselbe Mensch mit voller Wucht auf die Waage, so wird diese, zumindest kurzzeitig ein deutlich höheres Gewicht anzeigen. Zur Vereinfachung wird hier mit einem Faktor von 2,5 gerechnet. Ein 80 kg schwerer Mensch kann daher eine Belastung von 200 kg (2 kN) erzeugen.

- **Durchhang eines horizontal verlaufenden Seiles:** Dieser Punkt soll hier näher behandelt werden, da er sich – im Gegensatz zu den gerade erwähnten Faktoren – durch die Bauweise eines Seilelements beeinflussen lässt.

Ermittlung des Durchhanges eines Seiles oder Spanngurts

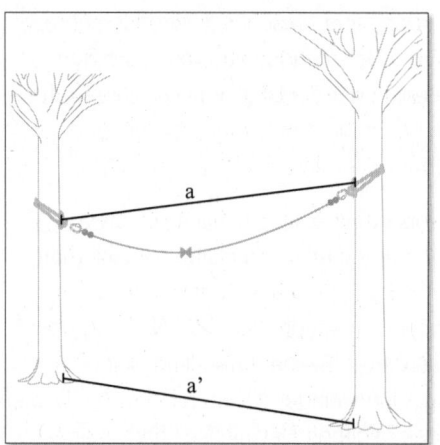

Um den Durchhang eines Seiles zu ermitteln, misst man zunächst den horizontalen Abstand zwischen den beiden Anschlagpunkten (a). Hat man zwei relativ gerade Bäume zur Verfügung, so kann man auch am Boden messen (a').

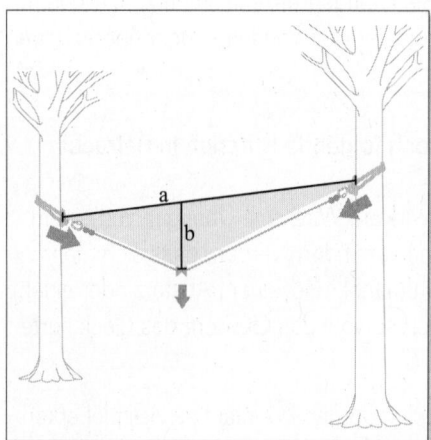

Danach wird jener Abstand gemessen oder pessimistisch geschätzt, den das Seil bei Belastung zur gedachten geraden Linie zwischen den beiden Anschlagpunkten unter Last maximal erreicht (b). Dividiert man nun diese beiden Werte (also b geteilt durch a), so erhält man den Durchhang. Liegt der Abstand zwischen den Bäumen beispielsweise bei 10 Meter und beträgt die Distanz b 2 Meter, so ist ein Durchhang von 0,2 oder 20 % gegeben.

Auf der nebenstehenden Darstellung ist der Durchhang deutlich geringer. Je geringer der Durchhang ist, umso stärkere Kräfte wirken auf das Seil, die seitlichen Anschlagpunkte, also Karabiner, Baumschlingen und die Bäume selber, wie Sie aus der folgenden Tabelle ablesen können.

Tabelle

Nachdem Sie den Durchhang ihrer Übung gemessen oder pessimistisch geschätzt haben, können Sie mit Hilfe der folgenden Tabelle erkennen, welche Personenanzahl für Ihre Übung möglich ist beziehungsweise welche Bruchlasten das Material aufweisen muss.

Versuchen Sie, folgendes Beispiel anhand der Tabelle eigenständig zu lösen, bevor Sie zur nächsten Seite wechseln:
Frage: Welchen Durchhang benötigen Sie, wenn Sie lediglich Material aus dem alpinen Bereich mit 20 kN zur Verfügung haben und von einer Belastung von zwei Personen ausgehen?

Durch-hang	nötige Bruchlast des Seiles (bzw. Spanngurtes), der Anschlagpunkte und Beschläge in kN inklusive dreifacher Sicherheitsreserve bei Personenanzahl								
	1 (80 kg)	2 (160 kg)	3 (240 kg)	4 (320 kg)	5 (400 kg)	6 (480 kg)	7 (560 kg)	8 (640 kg)	10 (800 kg)
0,5 %	123	245	368	490	612	735	857	979	1224
1 %	62	123	184	245	306	368	429	490	612
2 %	31	62	92	123	154	184	215	245	307
3 %	21	41	62	82	103	123	144	164	205
4 %	16	31	47	62	77	93	108	123	154
5 %	13	25	37	50	62	74	87	99	123
6 %	11	21	31	42	52	62	72	83	103
7 %	9	18	27	36	45	54	62	71	89
8 %	8	16	24	31	39	47	55	62	78
9 %	7	14	21	28	35	42	49	56	69
10 %	7	13	19	25	32	38	44	50	63
11 %	6	12	18	23	29	35	40	46	58
12 %	6	11	16	21	27	32	37	42	53
13 %	5	10	15	20	25	30	35	39	49
14 %	5	10	14	19	23	28	32	37	46
15 %	5	9	13	18	22	26	30	35	43
16 %	5	9	13	17	21	25	29	33	41
17 %	4	8	12	16	19	23	27	31	38
18 %	4	8	11	15	19	22	26	29	37
19 %	4	7	11	14	18	21	25	28	35
20 %	4	7	10	14	17	20	24	27	34
25 %	3	6	9	11	14	17	20	22	28
30 %	3	5	8	10	12	15	17	19	24
40 %	2	4	6	8	10	12	14	16	20
50 %	2	4	6	7	9	11	13	14	18

Antwort: Laut Tabelle benötigen Sie bei einer Belastung von zwei Personen (160 kg) einen Durchhang von zumindest 7 %, damit die Kräfte unter den für alpines Klettermaterial angenommenen 20 kN (in diesem Fall 19 kN) bleiben.

Die Kräfte, die in der Tabelle auf schwarzem Hintergrund dargestellt sind, können im Seilgartenbau in der Regel nicht bewältigt werden, den Kräften mit grauem Hintergrund kann bodennah mit entsprechendem Material (zum Beispiel Stahlkarabiner oder Schraubglieder aus der Industriesicherung) und entsprechend guten Bäumen begegnet werden.

Für jene Kräfte, die auf weißem Hintergrund dargestellt sind, eignet sich üblicherweise Klettermaterial (zum Beispiel Alukarabiner mit entsprechender Bruchlast oder genormtes Statikseil). Beachten Sie, dass verschiedene Karabiner, Rollen oder auch anderes Material aus dem Kletterbereich geringere Werte aufweisen können.

Was bedeuten diese Faktoren bzw. Berechnungen nun tatsächlich? Im schlechtesten Fall, und davon muss stets ausgegangen werden, können folgende Kräfte zu Stande kommen:

100 kg	1 kN	Ein schwerer Teilnehmer wiegt beispielsweise 100 kg.
250 kg	2,5 kN	Durch Aufschaukeln, Sprünge der Teilnehmer auf dem Spanngurt, ins Sicherungsseil Fallen bei Toprope gesicherten Übungen oder andere vertikale Bewegungen kann sich diese Kraft verzweieinhalbfachen (Faktor 2,5). Diese Kraft wirkt maximal auf die Sicherungsschlaufe am Teilnehmergurt, die daran angebrachten Karabiner und das daran befestigte Seil.
500 kg	5 kN	Die Übung wird von zwei schweren sich bewegenden Teilnehmern gleichzeitig benutzt.
1250 kg	12,5 kN	Bei einem Durchhang von 10 % muss ein Faktor von 2,5 einberechnet werden. Eine Kraft von 12,5 kN kann somit auf das verspannte Seil, darin befindliche Knoten, auf alle Anschlagkomponenten (Karabiner, Baumschlinge) und auf den Baum selber wirken, vergleiche mit der Tabelle. Kommt es in diesem Bereich zu einer Karabinerquerbelastung, so wird bei Alukarabinern in der Regel die Belastungsgrenze bereits überschritten.
2500 kg	25 kN	Hat das oben verlaufende Seil nur einen Durchhang von 5 %, so muss mit einem Faktor von 5 multipliziert werden. 25 kN überschreiten die Belastungsgrenze der meisten Alukarabiner auch bei regulärem Gebrauch.

Weitere Faktoren, die sich auf die Belastung auf Material und Anschlagpunkte negativ auswirken können:

Gerade bei hohen Übungen, bei denen der Teilnehmer Toprope gesichert wird, ist niemals nur eine Person im Spiel. Auch wenn ein Element nur für einen aktiven Teilnehmer gedacht ist, so muss immer mit einer zweiten belastenden Person gerechnet werden. Sei es durch eine Toprope Sicherung, bei der im Falle eines Sturzes des Teilnehmers der Sicherer mit zumindest dem gleichen Gewicht wie das des Teilnehmers wirksam wird, oder sei im Falle einer Rettung, bei der ein Trainer zum Teilnehmer aufsteigt, um diesen sicher nach unten zu befördern. Rechnen Sie bei hohen Elementen daher immer mit der Anzahl der Teilnehmer, die die Übung gleichzeitig durchführen dürfen, und berücksichtigen Sie eine zusätzliche Person, nämlich den Trainer im Falle einer Rettung.

Bei niederen Übungen, also wenn beispielsweise die Teilnehmer über einen Spanngurt balancieren, kann es sein, dass mehrere Teilenehmer entgegen des geplanten Übungsablaufes den Spanngurt betreten oder sich nach Beendigung der Übung darauf setzen, um sich auszurasten. Auch das Herunterdrücken des Spanngurtes, um den aktiven Teilnehmer beim Absteigen zu helfen, kann sich stark auswirken. Hier kann also die Höhenrettung außer Acht gelassen werden, jedoch muss der unsachgemäße Gebrauch oder eine unbefugte Inbetriebnahme weit stärker als bei hohen Elementen berücksichtigt werden.

Jeder Knoten verringert die Bruchlast eines Seiles um zumindest ein Drittel. Knoten mit unvorteilhaften Radien können die Zugkraft eines Seiles um bis zu zwei Drittel reduzieren. Ein typisches Beispiel dazu, nämlich die richtige Anwendung von Achterknotenschlinge versus Schmetterlingsknoten, wird in diesem Buch behandelt.

Die Abnutzung von Seilen, aber auch Schädigung durch scharfe Gegenstände oder Säuren, sind stets zu beachten, sollen in diesem Buch jedoch nicht weiter behandelt werden.

Das Seilgewicht selbst kann bei der temporären Seilarbeit in der Regel außer Acht gelassen werden. Lediglich bei längeren Ziplines (Flying Fox), besonders wenn diese mit einem Stahlseil gebaut sind, sollte dieses in die Rechnung mit einbezogen werden. Bei manchen Elementen müssen aber sehr wohl zusätzliche Gewichte wie etwa Rundlinge (Riesenleiter) oder LKW-Reifen in die Rechnung aufgenommen werden.

Die Belastung durch Wind ist weniger aus Sicht des Winddrucks auf das Seil, sondern vielmehr durch die Bewegung der Bäume relevant. Wenn nun ein Baum aufgrund seiner Stärke (z.B. Befestigung am Stamm einer massiven Eiche) vom Wind kaum belastet wird, der andere hingegen sich weg von der Übung bewegt und dabei das Seil strafft, kann dies besonders in Bezug auf den Durchhang aber im schlimmsten Fall auch durch Peitscheneffekte Gefahrenpotential beinhalten.

Durch den Peitscheneffekt werden das Seil und die anderen Komponenten schlagartig gespannt und ein plötzlicher Ruck wirkt auf das Material ein. Neben der Gefahr von Tierverbiss ist dieser Peitscheneffekt ein weiterer wichtiger Grund, warum temporäre Seilelemente, die zum Beispiel über Nacht unbeaufsichtigt waren, vor Inbetriebnahme gründlich inspiziert werden müssen – auch wenn unbefugte Inbetriebnahme oder Vandalismus ausgeschlossen werden können. Schneelast als Faktor, der auftretende Kräfte erhöhen kann sei hier nur am Rande erwähnt. Die Befreiung von Schnee und Eis einer temporären Seilübung ist obligat.

Durchhang im Bodennahen Bereich

Im Bodennahen Bereich sollte der Teilnehmer mit den Füßen nicht weiter als etwa 50 cm vom Boden entfernt sein.

Wenn nun Ein- und Ausstieg bei den Bäumen die korrekte Höhe aufweisen, kann dies durch den Durchhang zu einer unerwünschten Bodenberührung des Teilnehmers in der Mitte der Übung führen.

Dieses Problem darf weder dadurch gelöst werden, dass durch mehr Spannung der zulässige Durchhang unterschritten wird, noch dadurch, dass die Anschlagpunkte höher angebracht werden, da gerade Ein- und Ausstieg der Übung das größte Gefahrenpotential für den Teilnehmer darstellen.

Achten Sie daher bereits vor Errichtung der Übung, dass der Boden nicht nach oben gewölbt ist oder sich Hindernisse wie Baumstümpfe unterhalb der Übung befinden.

Im Idealfall ist der Boden selbst soweit nach unten gewölbt wie der errechnete nötige Durchhang des gespannten Seiles beziehungsweise Schnellspanngurtes unter Belastung.

Spannung zwischen Bäumen

Fazit

Seien Sie sich bewusst, dass die Sicherheitsreserven beim Material nicht endlos sind.

Überlegen Sie sich vor Inbetriebnahme einer Übung, wo welche Kräfte auftreten könnten und wo sich der schwächste Punkt befindet.

Erstellen Sie bereits im Vorfeld einen Plan, wie viele Teilnehmer die Übung gleichzeitig verwenden dürfen, beziehungsweise ob Sie eine Gewichtsobergrenze für Teilnehmer festlegen müssen und berücksichtigen sie außergewöhnliche mögliche Zusatzbelastungen etwa im Falle einer Rettung.

Besprechen Sie die nötigen Regeln zum Betrieb der Anlage bereits im Voraus mit ihren Trainerkollegen und legen Sie fest, wie Sie diese Bestimmungen gegenüber den Teilnehmern durchsetzen werden.

Verwenden Sie beim Bauen eines Elements immer den größtmöglichen Durchhang und berücksichtigen Sie, dass dadurch höhere Anschlagpunkte nötig sind.

Unterschreiten Sie bei höher gelegenen Ankerpunkten nicht einen Durchhang von 10 %, in Bodennähe achten Sie auf einen Durchhang von zumindest 5 %, dieser kann besonders bei der Verwendung von Schwerlastgurten, also etwa bei einem Mohawk Walk ohne weiteres auftreten. Beachten Sie, dass besonders in diesem Fall herkömmliches Klettermaterial hinsichtlich der Bruchlast möglicherweise nicht ausreichend ist.

Verwenden Sie stets Material, dessen Vorgeschichte, Ursprung und Alter Sie kennen, damit Sie der darauf angegebenen Bruchfestigkeit auch tatsächlich vertrauen können.

Bei der Arbeit zwischen Bäumen bewegen Sie sich in einem lebenden, dynamischen Umfeld – hundertprozentig korrekte Messungen und Berechnungen sind daher niemals möglich. Kalkulieren Sie daher immer mit Sicherheitsfaktoren und pessimistisch. Die Seilgartennorm, die zwar wie erwähnt keine Gültigkeit für die temporäre Seilarbeit hat, jedoch sehr gute Anhaltspunkte liefern kann, schreibt einen Sicherheitsfaktor von 3 vor.

Teilnehmersicherung in Bodennähe

Bodennahe Übungen sind zwar in der Regel leichter zu bauen als hohe Elemente, beim Sichern stellen sie aber zumindest ebenso hohe Anforderungen – hier geschehen die meisten, wenn auch kaum sehr schwere Unfälle. Besonders die Beine sind gefährdet. Daher ist eine lückenlose und gut organisierte Sicherung gerade hier ein Muss.

Teilnehmersicherung ohne Gurt und Seil wird spotten genannt. Ein möglicher Sturz des aktiven Teilnehmers wird unmittelbar nach dessen Gleichgewichtsverlust sanft abgebremst. Das Sichern durch Spotten kann bis zu einer Höhe von etwa 50 cm durchgeführt werden, das bedeutet, dass sich der tiefste Punkt des aktiven Teilnehmer – in der Regel werden das die Füße sein – nicht weiter als 50 cm vom Boden befindet. Bei gespannten Seilen oder Schnellspanngurten kann das ein Problem darstellen, da gerade Ein- und Ausstieg in der Nähe der Bäume nicht höher sein sollen, die Teilnehmer aber auch in der Mitte der Übung den Boden nicht berühren sollen.

Die spottenden Personen halten beide Hände in Richtung des zu Sichernden, sodass die Handinnenflächen zu ihm weisen. Die Finger sollten dabei nach oben weisen und die Arme nicht voll durchgestreckt sein. Der Teilnehmer sollte nicht berührt werden, ein Abstand von etwa fünf Zentimetern ist optimal.

Die spottenden Personen sollten stabil stehen, ein Bein knapp vor dem eigenen Körperschwerpunkt, das andere dahinter. Der Blick ist stets auf den Teilnehmer gerichtet, die anderen Spotter sollten jedoch auch im Auge behalten werden.

Das Spotten kann auch als so genannter Gang (oder auch Gasse) durchgeführt werden, das bedeutet, dass spottende Personen über die gesamte Übung nebeneinander stehen. Diese Art eignet sich besonders, wenn mehrere Teilnehmer eine Übung hintereinander bewältigen, wie etwa beim Mohawk Walk.

Wird nur eine Person gespottet, so können die spottenden Personen diesen begleiten. Es sollten jedem aktiven Teilnehmer zu jeder Zeit zumindest vier Spotter, also zwei auf jeder Seite zur Verfügung stehen. Bei sehr geübten Spottern oder wenn die Trainer diese Aufgabe selber übernehmen, sind auch ein Spotter pro Seite ausreichend. In diesem Fall muss besonders auf einen seitlichen Sturz des Teilnehmers geachtet werden. Das Spotten gleicht dann fast einer Umarmung ohne Berührung.

Eine wesentliche Aufgabe der Spotter ist es auch, dem aktiven Teilnehmer beim Aufstieg auf die Übung zu helfen, zu diesem Zeitpunkt ist für den Teilnehmer die Übungssituation noch neu und ein Sturz ist wahrscheinlicher als während der Übung selbst. Auch Knieverletzungen bei hohen Aufstiegen sind keine Seltenheit, stellen Sie daher gerade bei weniger sportlichen Teilnehmern eine Aufstiegshilfe zur Verfügung.

Auch der Abstieg stellt hohe Anforderungen an die Spotter. Sie sind dafür zuständig, dass ein gespanntes Seil oder ein Spanngurt nicht plötzlich nach oben schnalzen kann und Beteiligte verletzt werden. Vor dem Abstieg sollen die Spotter das Seil (den Spanngurt) durch Herunterdrücken entlasten. Der Trainer ist dafür zuständig, die aktiven Teilnehmer und die Spotter auf diese Gefahren hinzuweisen und das richtige Bodennahe Sichern bereits „im Trockenen" solange zu üben, bis es ohne Diskussion und Trainerintervention funktioniert. Dazu können Helme auf Stecken die aktiven Teilnehmer darstellen, während sich die Sicherung organisiert. Diese Probeläufe müssen so oft erfolgen, bis die alle Beteiligten ihre Aufgaben beherrschen. Nach einem gut durchgeführten Probelauf müssen die Trainer nur noch im Ausnahmefall intervenieren oder gegebenenfalls Löcher in der Sicherung stopfen.

Neben dem klassischem Spotten gibt es noch andere Arten der Sicherung am Boden, ein paar davon werden in der Folge beim Low V behandelt.

Die Teilnehmersicherung in Bodennähe erfordert auch eine umfassende Umfeldkontrolle. Der Boden rund um eine Übung sollte frei von Steinen, Wurzeln, herumliegenden Ästen oder Tannenzapfen und Ähnlichem sein. Auch glitschige Stellen wie Matsch oder Kuhfladen können ein Gefahr darstellen und mit etwas Schotter entschärft werden. Achten Sie bei der Umfeldkontrolle auch besonders auf Äste am Baum, gerade in Augenhöhe der Teilnehmer können sie böse Unfälle verursachen.

Low V

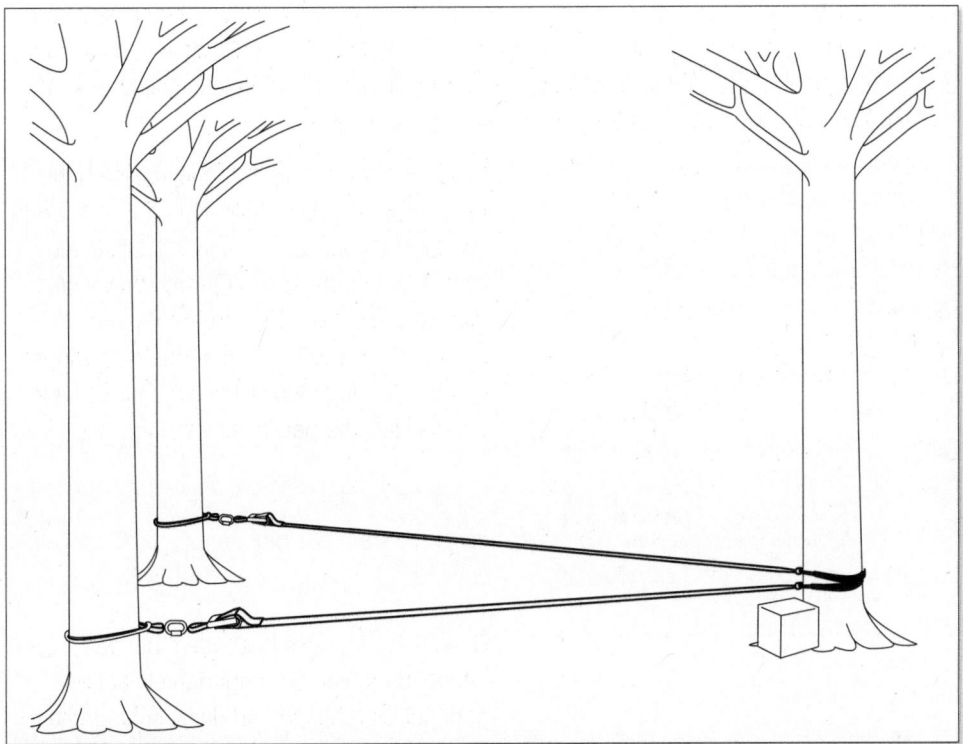

Das Low V ist eine Partnerübung für zwei aktive Teilnehmer und zahlreiche passive Teilnehmer, die verschiedene Sicherungsaufgaben verantwortungsvoll bewältigen müssen.

Aufbau

Um ein Low V zu errichten werden lediglich zwei Schnellspanngurte zwischen drei Bäume verspannt. Die Ratschen der Schnellspanngurte befinden nicht beim Einstieg in die Übung, also nicht an der Spitze des V. Das V sollte so weit sein, dass die Ratschen nicht erreicht werden können, also zumindest drei Meter auseinander liegen.

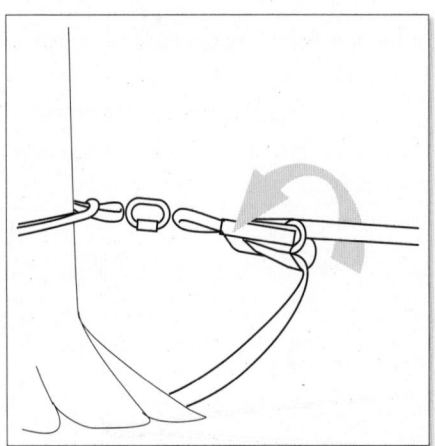

Falls es aufgrund der Baumabstände nicht vermeidbar ist, dass Teilnehmer bis zum Ende des Low V kommen können, so sollten die Ratschen unterhalb des Gurtes verlegt sein – dies ist zwar in der Konstruktion etwas aufwändiger, verringert aber die Verletzungsgefahr. Der ungenutzte Teil des Gurtes kann um die Ratsche gewickelt werden.

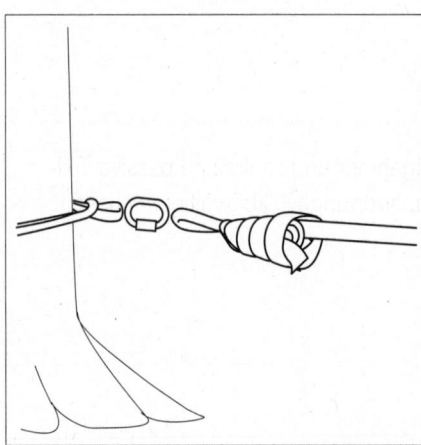

Beachten Sie, dass besonders bei der Verwendung von Spanngurten ein sehr geringer Durchhang und damit sehr starke Zugkräfte auf alle verwendeten Komponenten auftreten können. Bei dieser Übung wird herkömmliches Klettermaterial, wie etwa Alukarabiner, in der Regel nicht ausreichen und es muss auf Material aus der Industriesicherung zurückgegriffen werden. Siehe dazu das vorangegangene Kapitel Materialbelastungen in der temporären Seilarbeit.

Beachten Sie, dass besonders bei der Verwendung von Spanngurten ein sehr geringer Durchhang und damit sehr starke Zugkräfte auf alle verwendeten Komponenten auftreten können. Bei dieser Übung wird herkömmliches Klettermaterial, wie etwa Alukarabiner, in der Regel nicht ausreichen und es muss auf Material aus der Industriesicherung zurückgegriffen werden. Beachten Sie dazu das vorangegangene Kapitel Materialbelastungen in der temporären Seilarbeit.

Bei der Verwendung von Schnellspanngurten und Baumschlingen ist weiters darauf zu achten, dass der Baum durch den starken Zug nicht beschädigt wird. Verlegen Sie daher die Baumschlinge großflächig und ohne Umdrehungen.

Spannung zwischen Bäumen

Sicherung

Bei einem gut durchgeführten Low V werden bis zu 16 Personen für verschiede Aufgaben des Sicherns benötigt. Vermitteln Sie den Teilnehmern, dass das Sichern ein wesentlicher Teil dieser Übung ist.

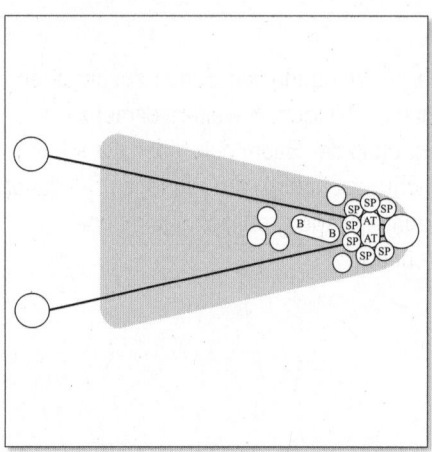

Beim Aufstieg auf die Spanngurte werden die aktiven Teilnehmer (AT) von möglichst vielen Spottern (SP) geschützt. Es sind Fälle bekannt, bei denen sich Teilnehmer beim Schritt vom Boden auf die Spanngurte Knieverletzungen zugezogen haben. Eine Aufstiegshilfe, wie etwa eine Getränkekiste, kann dieses Risiko vermindern.

Der erste Basket (B) steht bereits zu diesem Zeitpunkt bereit.

Das graue Feld der Darstellung markiert den möglichen Aktionsraum der Übung – die Teilnehmer sollen die Ratschen der Spanngurte nicht erreichen können.

Ein Basket besteht aus zwei Personen, die sich gegenseitig an den Unterarmen halten (Turnergriff). Sie befinden sich zwischen den beiden aktiven Teilnehmern und fangen einen Sturz in die Mitte auf. Solange das V noch schmal ist, wird nur ein Basket eingesetzt, der in der Folge von einem weiteren, einem dritten und möglicherweise noch einem vierten unterstützt wird.

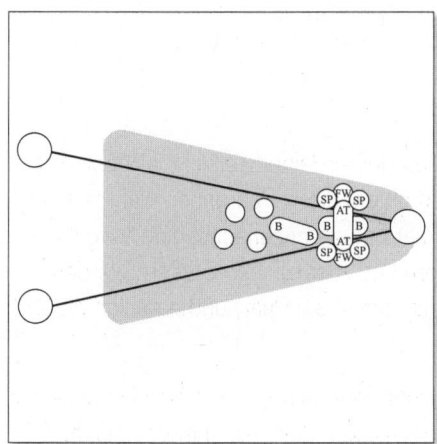

Sobald zwischen den beiden aktiven Teilnehmern (AT) genügend Platz ist, positioniert sich der erste Basket (B) darunter.

Zusätzlich zu den Spottern (SP) kommen auch die Feetwatcher (FW) zum Einsatz, die ein Abrutschen der Füße der aktiven Teilnehmer (AT) vom Spanngurt unter Kontrolle halten, außerdem sind sie sowohl bei einem Sturz als auch bei einem absichtlichen Fall der aktiven Teilnehmer (AT) dafür zuständig, dass die Schnellspanngurte nicht nach oben schnalzen.

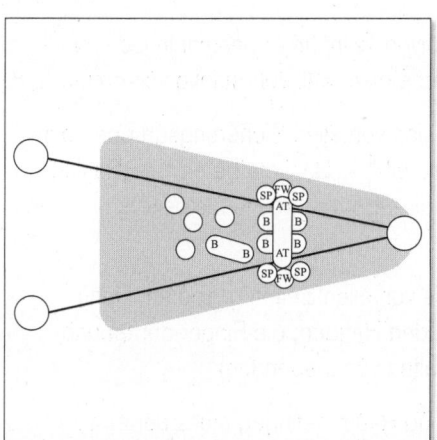

Je weiter die aktiven Teilnehmer nun vorrücken, kommen zusätzliche Baskets zum Einsatz. Die Spotter (SP) haben zu diesem Zeitpunkt sowohl die Aufgabe, einen Absturz nach hinten aufzufangen, aber auch einen seitlich abstürzenden Teilnehmer nach vorne in die Baskets (B) zu drücken.

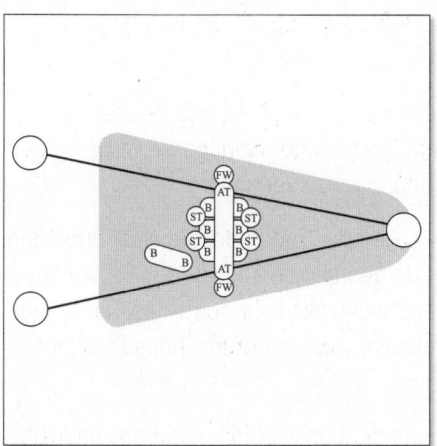

Sobald durch die starke Vorlage der aktiven Teilnehmer (AT) ein nach hinten Fallen ausgeschlossen werden kann, werden die Spotter (SP) zu Stuffern (ST). Das bedeutet, dass sie in das Innere des Vs wechseln und die aktiven Teilnehmer (AT) im Falle eines seitlichen Sturzes in die Baskets (B) drücken. Dabei haben sie auch die Aufgabe, die Köpfe der Baskets (B) zu schützen.

Ablauf

Bevor die Übung beginnt, werden zunächst die Rollen der einzelnen Teilnehmer bestimmt. Dazu werden Zweiergruppen eingeteilt, es wird empfohlen, diese Paarungen während des gesamten Übungsablaufens beizubehalten. Jedes Paar bekommt zunächst eine Aufgabe, also Spotter, die im Zuge der Übung zu Feetwatchern und zusätzlichen Stuffern werden (zwei Paare), Baskets (drei bis vier Paare), Stuffer (zunächst ein Paar) und natürlich die beiden aktiven Teilnehmer.

Nun wird die Sicherung solange geübt, bis sie absolut reibungsfrei, also möglichst ohne Interventionen durch den Trainer oder Diskussionen zwischen den Teilnehmern abläuft. Eine typische Trainerintervention in dieser Übung wäre, säumige Baskets in ihre Position zu berufen.

Im Idealfall tragen alle Beteiligten Helme, für die aktiven Teilnehmer besteht in jedem Fall Helmpflicht, da ein Zusammenstoß ihrer beiden Köpfe beim Fall sehr häufig vorkommt.

Bevor die aktiven Teilnehmer aufsteigen, holen sie sich von allen Sicherungsgruppen ein klares „bereit". Also: „Spotter bereit?" – „Spotter bereit!" – „Baskets bereit?" – „Baskets bereit!" und so weiter. Zu diesem Zeitpunkt haben die Spotter ihre Hände bereits oben und die Baskets halten einander im Turnergriff.

Beim Aufstieg der aktiven Teilnehmer, werden diese von allen Seiten gespottet. Dann nehmen die beiden aktiven Teilnehmer einander an den Händen, die Finger dürfen dabei jedoch nicht verschränkt werden (kein Händchenhalten von Liebenden).

Sobald sich zwischen den aktiven Teilnehmern genug Raum befindet, muss der erste Basket zur Verfügung stehen und sich der nächste Basket bereit machen. Dieser rückt nach, sobald das V zwischen den aktiven Teilnehmern groß genug ist. Erfahrungsgemäß werden kaum mehr als vier Basket nötig sein.

Die Übung soll immer damit enden, dass die Teilnehmer in die Baskets fallen – oder bei einem freiwilligen Beenden sich in die Baskets legen. Ein herunter Springen vom Spanngurt ist, wie auch bei allen in der Folge beschriebenen Übungen, zu verhindern.

Auch besonders geübte oder talentierte Teilnehmer sollen die Enden des Vs nicht erreichen können, der mögliche Aktionsraum muss, wie oben dargestellt, bereits vor den Ratschen der Spanngurte enden. Beachten Sie dies besonders, wenn Sie sehr sportliche Teilnehmer in der Gruppe haben – für sie kann es enttäuschend sein, wenn aufgrund eines Planungsfehlers die Übung vorzeitig abgebrochen werden muss.

Nachdem das erste Paar die Übung als aktive Teilnehmer absolviert hat, rückt das nächste

Paar nach, also beispielsweise der vierte Basket. Eine geregelte Rotation und ein Zusammenbleiben der Paare erleichtern den Ablauf und erhöht die Sicherheit.

Besondere Gefahrenhinweise

Diese Übung beruht auf Körperspannung und beansprucht den ganzen Körper. Besonders gefährdet sind Rücken, Bandscheiben, Handgelenke und Schultern.

Machen Sie als Trainer die Sicherungsgruppe darauf aufmerksam, dass ein Sturz in alle Richtungen erfolgen kann. Beachten Sie, dass die meisten Unfälle beim Auf- und Abstieg auf den Schnellspanngurt passieren und treffen Sie gegebenenfalls entsprechende Maßnahmen wie etwa Aufstiegshilfen.

Der Wickelknoten

Das Wickeln ist eine Methode, um ein Seil an einem Baum anzubringen und anschließend zu spannen. Es hat einige Vorteile:

Die Wickelung ist durch die hohe Auflagefläche am Baum relativ Kambium schonend. Das Kambium befindet sich direkt unterhalb der Rindenschichten des Baumes und ist für das Dickenwachstum des Stammes zuständig. Es ist je nach Baumart nur wenige Hundertstel bis Zehntel Millimeter dick, eine Verletzung des Kambiumringes kann für den Baum eine nachhaltige, wenn auch nicht gleich sichtbare Schädigung darstellen und ist daher zu verhindern.

Für kurzfristig errichtete Elemente kann direkt auf der Rinde gewickelt werden – bei sehr starkem Zug am Seil, bei Bewegung des Seiles oder wenn eine Übung für mehrere Tage errichtet wird, sollte ein Schoner (z.B. ein Stück Teppich) verwendet werden.

Durch die Wickelmethode muss das belastete Seil keinen engen Radius durchlaufen – dadurch erhält das Seil annähernd seine volle Reißfestigkeit. Enge Radien, wie sie etwa in zahlreichen Knoten vorkommen, können die Belastungsgrenze eines Seiles auf bis zu zwei Drittel reduzieren.

Weiters ist die Wickelung Material sparend, es kann auf eine Baumschlinge verzichtet werden.

Die Wickelmethode eignet sich besonders für bodennahes Arbeiten, in der Höhe ist es aus logistischen Gründen zumeist deutlich einfacher und angenehmer, eine Schlinge zu verlegen.

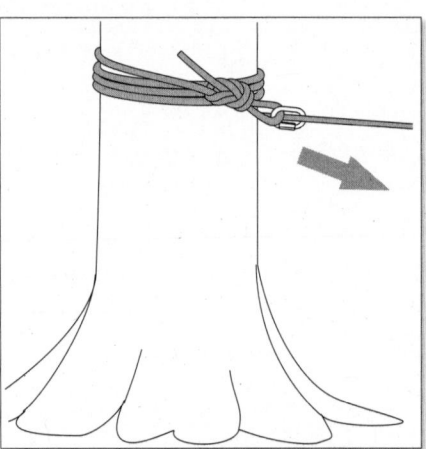

Zunächst wird das Seil zumindest viermal um den Baum gewickelt. Dann wird in das Ende ein Achterknoten gesteckt. Der Achterknoten wird mit einem Schraubglied am abgehenden Seil befestigt. Es ist darauf zu achten, dass das Schraubglied zwar unter leichter Spannung steht, aber trotzdem keinen starken Knick im abgehenden, belasteten Seil verursacht, da sonst der Vorteil der weiten Radien verloren geht.

Das ankommende Seil, welches sich unter Spannung befindet oder im Anschluss mit einem Flaschenzug verspannt wird, verläuft ohne enge Radien und überträgt die Zugkraft durch Reibung an den Baum. Beim Achterknoten sollten kaum noch Zugkräfte spürbar sein, er dient lediglich zur Absicherung. Bei glatten Bäumen, z.B. bei einer feuchten Buche, kann es zum Verrutschen des gesamten Wickelknotens kommen, in diesem Fall greift die Absicherung durch Achterknoten und Schraubglied.

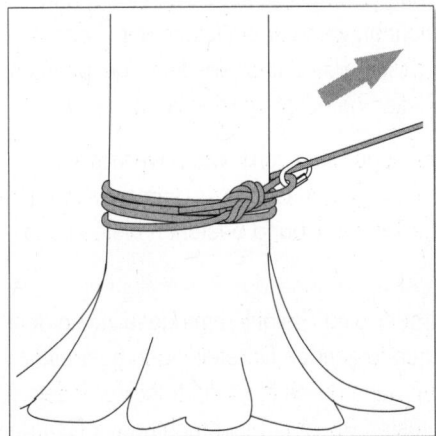

Ob die Wickelung von oben nach unten oder unten nach oben durchgeführt wird, ist abhängig von der Richtung des abgehenden Seiles (siehe Pfeil auf Darstellung). Bei horizontalen Verspannungen, verläuft das Seil stets nach unten. Um zu verhindern, dass das abgehende Seil an der Wickelung reibt, soll es auch unten abgehen. Bei Verspannungen die nach oben führen, also etwa die Abspannung von Bäumen, muss die Wickelung daher von unten nach oben geführt werden.

Wenn das Ende eines langen Seilstückes um einen Baum gewickelt werden soll, kann ein einfacher Trick helfen, um die Länge des benötigten Seilabschnittes für die Wickelung zu errechnen. Bei einer vierfachen Wickelung benötigen Sie viermal den Umfang des Baumes zuzüglich des Achterknotens am Ende. Messen Sie den Durchmesser des Baumes und multiplizieren Sie mit dreizehn – so viel Seil werden Sie für die Wickelung benötigen. Hat der Baum einen Durchmesser von 30 cm, werden Sie etwa 390 cm für die Wickelung benötigen.

Mathematisch ist diese Faustregel leicht erklärt: Wird der Durchmesser des Baumes mit Pi, also 3,14 multipliziert, erhält man den Umfang. Der Umfang soll viermal umwickelt werden, also 4 mal 3,14 ergo 12,56. Die verbleibende Differenz auf 13 wird für den Knoten verwendet.

Der externe Flaschenzug

Der einfache externe Flaschenzug

Der Flaschenzug ist eine Vorrichtung, um ein Seil unter Vorspannung zu bringen. Physikalisch ermöglicht eine bewegliche Rolle, dass der doppelte Weg mit halber Kraft gezogen werden kann.

Ein Flaschenzug wird als externer Flaschenzug bezeichnet, wenn er sich nach dem Verspannen vollständig entfernen lässt. Dies hat den Vorteil, dass beide Enden des fertig gespannten Seiles mit einem Wickelknoten, also mit optimalen Radien befestigt werden können.

In der temporären Seilarbeit werden externe Flaschenzüge dann verwendet, wenn sie lediglich zum Aufbau einer Übung eingesetzt werden. Im Gegensatz dazu kann etwa beim Elevator oder bei der Feuerleiter der Flaschenzug als Teil der Übung bestehen bleiben und wird dann als interner Flaschenzug bezeichnet.

Zunächst wird auf das zu spannende Seil ein Shunt oder eine Steigklemme gesetzt. An den daran befestigten Karabiner wird ein Statikseil (auf den folgenden Darstellungen gestreift) mit einem Achterknoten eingebunden. Dieses verläuft dann durch ein selbstblockierendes halbautomatisches Abseilgerät[2], welches an einem festen Punkt in Fluchtrichtung, z.B. an einer Baumschlinge an dem angestrebten Baum, festgemacht ist. Befindet sich ein geeigneter Baum direkt in Fluchtrichtung, so ist es oftmals besser, diesen für den externen Flaschenzug zu verwenden. Danach läuft das Seil wieder durch eine Rolle, welche wiederum an dem Karabiner an der Steigklemme festgemacht ist.

Durch Ziehen des Seiles in Fluchtrichtung kann nun mithilfe des Flaschenzuges das andere Seil unter Vorspannung gebracht werden.

Sobald man die gewünschte Vorspannung erreicht hat, wird das Seil mittels eines Wickelknotens straff am Baum befestigt. Danach kann das selbstblockierende halbautomatische Abseilgerät wieder gelöst und der Flaschenzug vollständig entfernt werden. Beim Entfernen des Flaschenzuges überträgt sich die Kraft auf den Wickelknoten, dadurch geht ein Teil der Vorspannung wieder verloren. Dieser obligatorische Verlust sollte bereits beim Spannen des Flaschenzuges berücksichtigt werden.

Steigklemmen haben den Nachteil, dass sie lediglich mit Zacken auf dem Mantel des Seiles greifen. Bei starkem Zug, etwa bei dem in der Folge behandelten Vierfachflaschenzug, sollte daher eher ein Shunt verwendet werden, da dieser das Seil deutlich weniger belastet. Seilmantelschonende Methoden, wie eben der Shunt haben jedoch wiederum den Nachteil, dass das Seil bei hoher Belastung minimal durchrutschen kann.

---

[2] Am Markt sind zahlreiche selbstblockierende halbautomatische Abseilgeräte, wie zum Beispiel das Eddy® von Edelrid® oder das Grigri® von Petzl® erhältlich. Bitte beachten Sie die Herstellerhinweise, für welche Anwendungsbereiche das jeweilige Gerät zugelassen ist.

Handbuch für temporäre Seilelemente

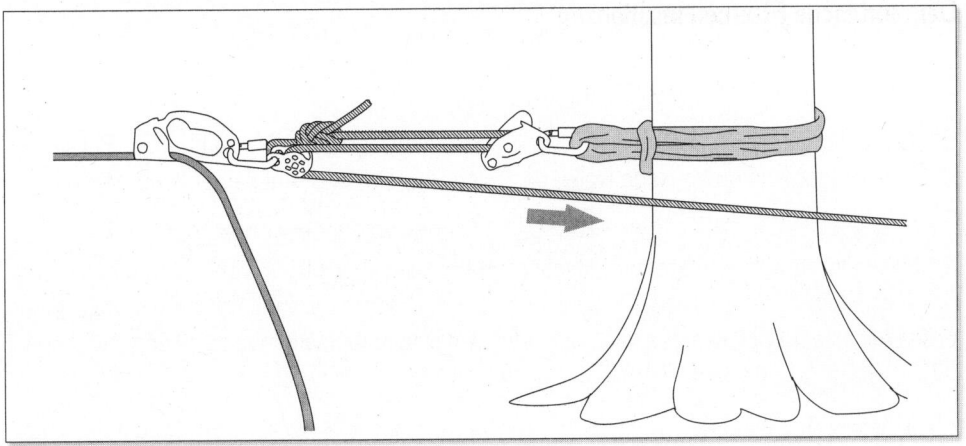

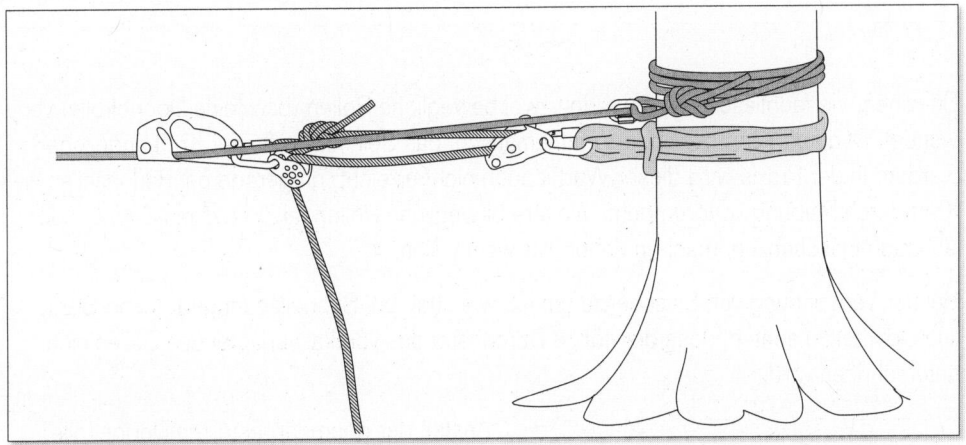

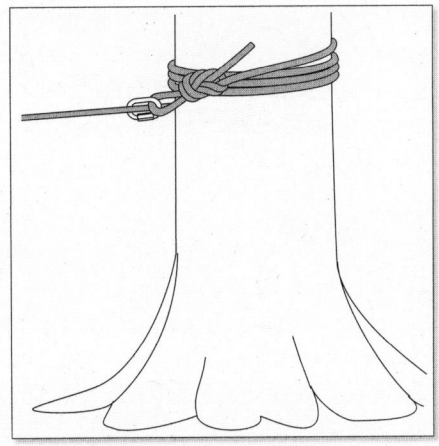

39

Der mehrfache externe Flaschenzug

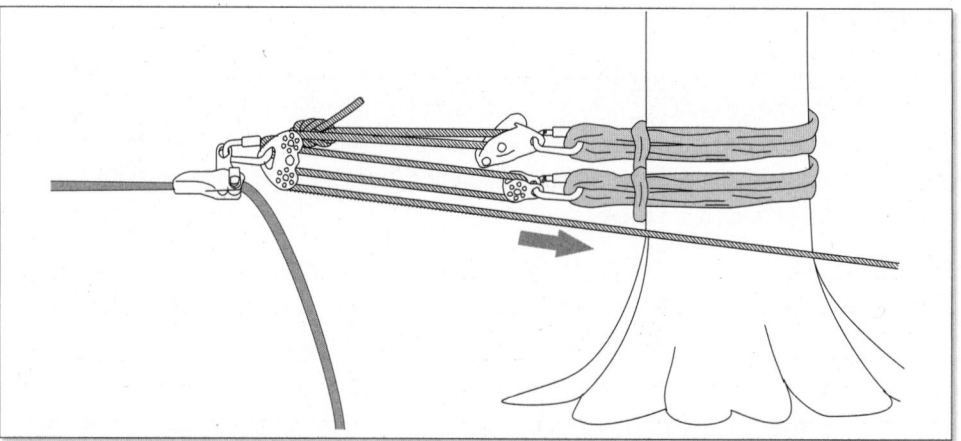

Bei einem Vierfachflaschenzug werden zwei bewegliche Rollen (bzw. eine Doppelrolle) verwendet. Dadurch kann, zumindest mathematisch, das Seil mit vierfacher Kraft angezogen werden. In der Praxis wird dieser Wert jedoch nicht erreicht, da gerade bei Perlonseilen viel Kraft durch Reibung verloren geht. Weitere bewegliche Rollen, also etwa ein Sechs- oder Achtfach-Flaschenzug, machen daher hier wenig Sinn.

Bei der Verwendung von Flaschenzügen ist, wie auch bei Schnellspanngurten und Slacklines, darauf zu achten, dass der nötige Durchhang des vertikal verlaufenden Seiles nicht unterschritten wird.

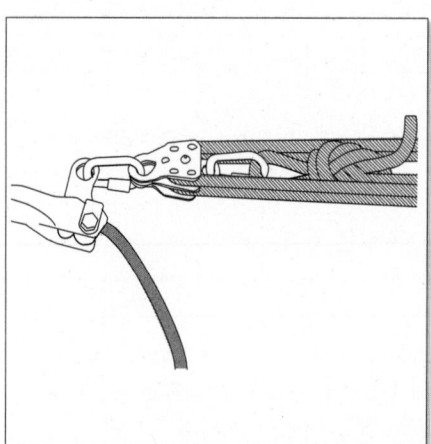

Anstatt der oben dargestellten Doppelrolle, bei der die Rollen hintereinander angeordnet sind, kann auch eine Doppelrolle mit nebeneinander angeordneten Rollen verwendet werden. Dadurch lässt sich eine noch bessere Kraftausbeutung erreichen, da die Seile optimal in Flucht verlaufen.

Expressflaschenzug, Kreuzklemmknoten, Schleifknoten, Mercedesknoten

Der Expressflaschenzug hat den Vorteil, dass er sehr Material sparend und schnell eingesetzt werden kann, gegenüber dem gerade beschriebenen externen Flaschenzug hat er jedoch den Nachteil, dass er in einem Halbmastwurf endet. Dieser hat – im Gegensatz zum Wickelknoten, der beim externen Flaschenzug übrig bleibt – einen ungünstigen Radius auf der am stärksten belasteten Stelle.

Beim Expressflaschenzug kann auf Rollen, Shunts, Steigklemmen oder halbautomatische Blockiergeräte verzichtet werden. Stattdessen wird eine Reihe von passenden Knoten verwendet, die das technische Material ersetzen können.

Anstatt der Rollen wird beim Expressflaschenzug das Seil direkt durch die Karabiner geführt. Dies ist prinzipiell unbedenklich, jedoch geht sehr viel Kraft durch Reibung verloren.

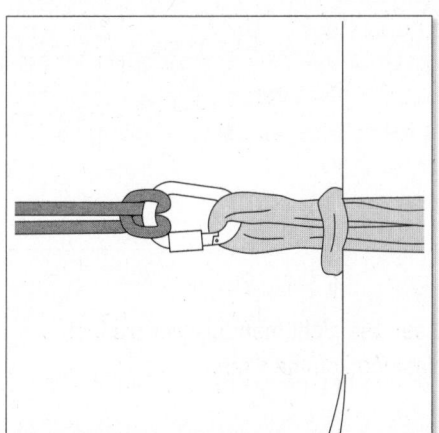

Nachdem das gegenüberliegende Ende mit einem Wickelknoten befestigt wurde, wird auf der Seite, auf der der Expressflaschenzug zum Einsatz kommen soll, eine Baumschlinge verlegt. An dieser wird ein HMS-Karabiner eingehängt und das Seil mit einem Halbmastwurf durchgeführt. Nun kann das Seil bereits leicht angespannt werden.

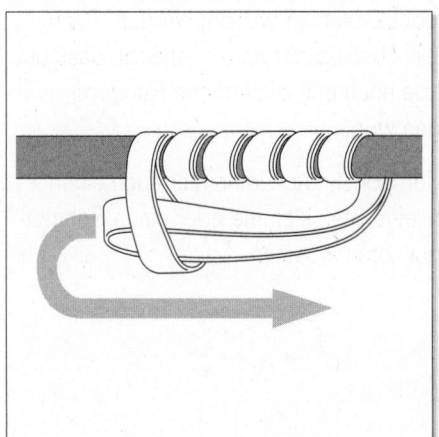

Etwa einen Meter vor dem HMS Karabiner wird mit einer kurzen genähten Bandschlinge am Seil ein Kreuzklemmknoten (auch bekannt als französischer Prusik oder Marschallknoten verlegt. Dieser lässt sich verschieben und nach Gebrauch wieder ausbauen. Beim Kreuzklemmknoten sind zumindest fünf parallele Wickelungen für eine ausreichende Klemmwirkung nötig.

Beachten Sie, dass der Kreuzklemmknoten nur in einer Richtung, nämlich wie auch in den Grafiken dargestellt, seine volle Wirksamkeit erzielt.

Eine Reepschnur mit Prusikknoten ist für den gerade beschriebenen Vorgang ungeeignet, da es bei starker Belastung zu Verschmelzungen und in der Folge Seilschädigungen kommen kann. Weiters befindet sich mit der Reepschnur das schwächste Glied an der am stärksten beanspruchten Stelle. Auch der Einsatz eines Schmetterlingsknotens oder einer Achterknotenschlinge sind nicht ratsam, da sie sich nicht verschieben und auch nicht gemeinsam mit dem Flaschenzug ausbauen lassen.

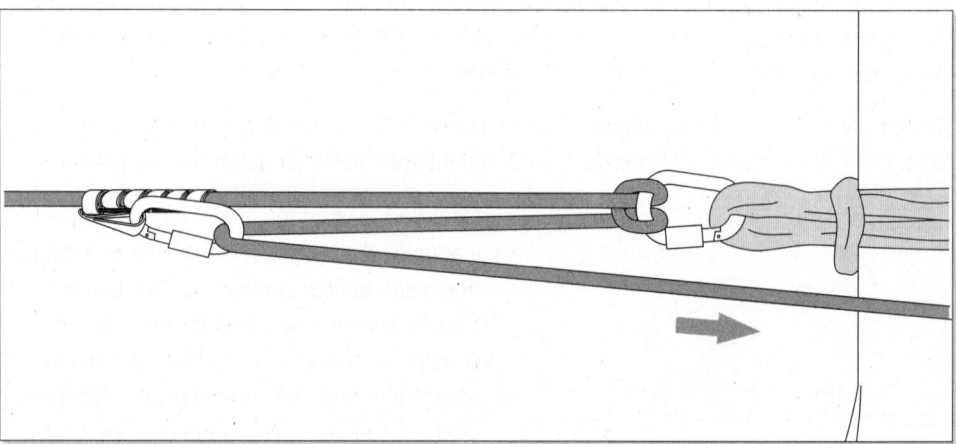

Nun kann der Flaschenzug angezogen werden. Lassen Sie nicht mehr als vier bis fünf Erwachsene ziehen, da es sonst zu Materialüberbelastung kommen kann.

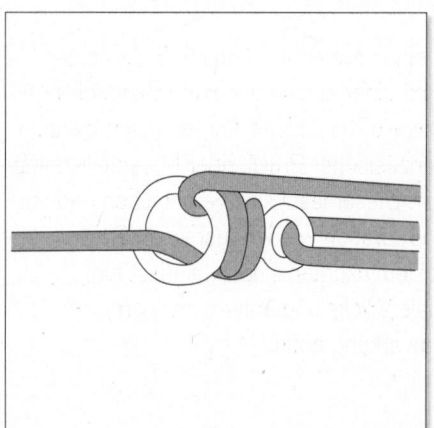

Statt des Kreuzklemmknotens kann auch ein Mercedesknoten verwendet werden. Dazu wird ein Abseilachter so eingehängt, dass um die Taille noch eine zusätzliche Rundung gezogen wird.

Der Mercedesknoten kann hier auch einen Shunt, eine Steigklemme oder einen Schmetterlingsknoten ersetzen.

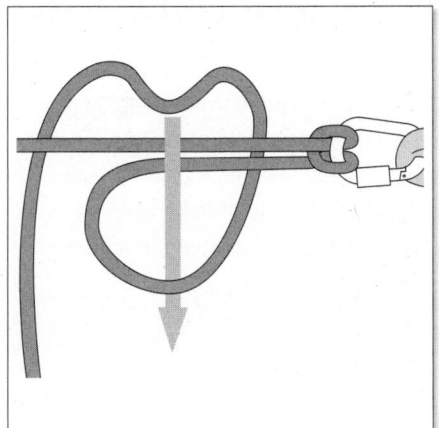

Sobald das Seil die gewünschte Spannung erreicht hat, wird der Kreuzklemmknoten oder der Mercedesknoten abgebaut und der Halbmastwurf mit einem Schleifknoten fixiert.

Dazu wird zunächst am schlaffen Ausgangsseil des Halbmastwurfs ein Auge gelegt.[3]

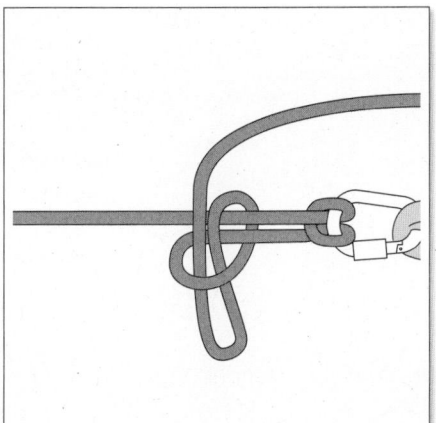

Nun wird eine Bucht über das gespannte Seil durch das Auge gezogen.

Jetzt wird der Knoten nahe an den Halbmastwurf gerückt und straff gezogen. Die verbleibende Bucht wird mit einem Karabiner am straffen Seil befestigt.

Das lose Seilende wird danach mit einem Achterknoten um den Baum abgesichert.

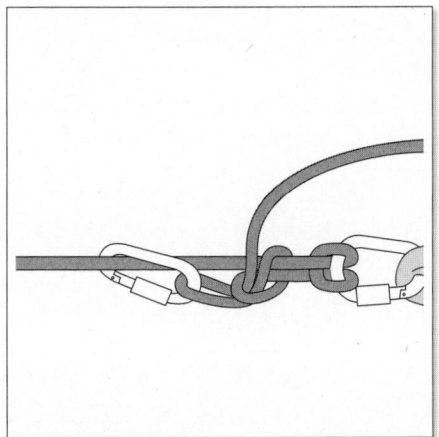

Wie im unteren Bild zu sehen ist, hat der fertige Expressflaschenzug den Nachteil, dass die Komponenten weit in die Übung hineinragen Im Gegensatz dazu bleibt beim externen Flaschenzug lediglich der Wickelknoten übrig, sodass neben den vorteilhaften Seilradien auch noch eine Verwendung der Übung bis direkt an den Baum ermögliche wird.

---

3 Die Darstellungen zum Schleifknoten sind gegenüber der ersten Auflage dieses Buches leicht abgeändert. Auf die hier dargestellte Art ist er leichter zu legen – aus sicherheitstechnischer Sicht sind die Varianten in beiden Erscheinungen gleich.

Spannung zwischen Bäumen

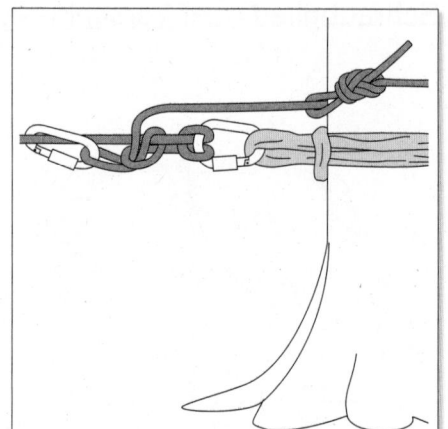

Schraubglied oder Verschlusskarabiner?

Bei den eben beschriebenen Methoden zum Erzielen von Vorspannung am Seil wurden sowohl Schraubglieder (Rapidglieder) als auch Verschlusskarabiner vorgestellt. Auch bei den in der Folge beschriebenen Elementen kommen diese beiden Haken, die nur auf den ersten Blick die gleiche Funktion erfüllen, immer wieder zum Einsatz.

Sowohl Schraubglieder als auch Karabiner dienen dazu, Bandschlingen mit Rollen, Schlingen mit Seilen, oder andere Komponenten miteinander zu verbinden.

Beide verfügen über eine verschließbare Öffnung, die bei falschem Gebrauch ein Sicherheitsrisiko birgt. Dieses Risiko besteht zum einen darin, dass die Bruchlast sowohl beim Schraubglied als auch beim Verschlusskarabiner bei offenem Verschluss deutlich vermindert ist, zum anderen, dass eine der befestigten Komponenten durch den offenen Verschluss aus dem Haken rutschen kann.

Der Karabiner lässt sich ohne Werkzeug und im Regelfall mit einer Hand öffnen. Dies ist einerseits ein Vorteil, da er dadurch schneller ein- und ausgehängt werden kann – es sind aber auch Fälle bekannt, bei denen sich einzelne Verschlusskarabiner unbeabsichtigt öffnen.

Werden Menschen mit Seil und Gurt gesichert, so ist bei der Nutzung von temporären Seilelementen ein zügiges Ein- und Aushängen der Teilnehmer wesentlich um mehrere Teilnehmer hintereinander abfertigen zu können. Damit ist sowohl das direkte Einbinden im Seil, als auch die Verwendung von Schraubgliedern nicht sinnvoll. Lediglich Karabiner lösen das Problem – um eine ungewollte Selbstaushängung vorzubeugen, werden zwei gegengleich eingehängte Karabiner verwendet.

Bei der Konstruktion von temporären Seilelementen wird empfohlen, überall dort, Schraubglieder zu verwenden, wo diese bis zum Abbau nicht mehr geöffnet werden müssen. Dazu werden sie mit einem passenden Gabelschlüssel fest zugezogen – im Gegensatz zu Schraubkarabinern sollen sich Schraubglieder im sicherheitsrelevanten Einsatz nur noch mit Werkzeug öffnen lassen können. Dadurch kann auch gewährleistet werden, dass sie sich nicht versehentlich öffnen.

Ein weiteres wesentliches Argument, welches für die Verwendung von Schraubgliedern spricht, ist die Wirtschaftlichkeit. Für den Preis eines Verschlusskarabiners aus Stahl, erhält man etwa drei bis vier Schraubglieder mit ähnlicher Bruchlast. Achten Sie darauf, dass die Schraubglieder wie auch alle anderen Komponenten für den jeweiligen Einsatz zugelassen sind.

Durch die einfache Konstruktion – immerhin besteht ein Schraubglied nur aus zwei Einzelteilen, ist die durchschnittliche Lebensdauer deutlich höher als die eines Karabiners mit seinen Kleinteilen wie Blattfedern und Achsen.

Überall dort, wo es zu kurzzeitiger Verwendung (zum Beispiel externer Flaschenzug) oder zügigem Ein- und Aushängen (zum Beispiel Teilnehmersicherung am Gurt) kommt, ist Karabinern der Vorzug zu geben.

Auch bei der Verwendung mit Rollen, werden üblicherweise Karabiner verwendet, da sich die meisten Rollen nicht in Schraubglieder einfädeln lassen.

Außerdem gilt natürlich besonders der Grundsatz, dass Aluminium nicht in starken reibenden Kontakt mit Stahl kommen soll. Handelsübliche Schraubglieder sind zumeist aus Stahl und sollten daher so weit wie möglich nicht direkt mit Klettermaterial aus Aluminium, wie etwa Steigklemmen oder Abseilachter verwendet werden.

Postman's Walk

Der Postman's Walk ist eine Balanceübung für einen oder zwei Teilnehmer und eignet sich besonders gut in Kombination mit weiteren spielerischen Balanceübungen. Um diese und die folgenden Übungen zu errichten, sollten Sie bereits mit den Inhalten der vorangegangenen Kapiteln, insbesondere Materialbelastungen und Teilnehmersicherung in Bodennähe, vertraut sein. Außerdem kommen der bereits beschriebene Wickelknoten und der Flaschenzug zum Einsatz.

Sicherung

Wird der Postman's Walk als niedriges Element gebaut, so ist darauf zu achten, dass der aktive Teilnehmer nie weiter als etwa 50 cm vom Boden entfernt ist. Jedem aktiven Teilnehmer sollen vier spottende Personen, also zumindest zwei auf jeder Seite zur Verfügung stehen – bei besonders geübten Spottern, oder wenn die Trainer selber spotten, können auch zwei ausreichen.

Bei niedrigen Übungen ist die Umfeldkontrolle besonders wichtig, Steine, Wurzeln oder rutschiger Untergrund gefährden sowohl den aktiven Teilnehmer als auch die spottenden Personen.

Aufbau

Der Postman's Walk besteht aus einem Seil oder einer Slackline zum Balancieren und einem weiteren Seil als Handlauf. Je stärker die beiden Seile gespannt sind, umso leichter ist die Übung für die Teilnehmer. Um das Handlaufseil unter Vorspannung zu bringen, kann ein externer Flaschenzug verwendet werden.

Auch die Verwendung von Baumschlingen für den Anschlag des Handlaufes ist denkbar. Der Wickelknoten hat jedoch den Vorteil, dass das Seil bis unmittelbar zum Baum verwendet werden kann und keine Knoten und Karabiner den Teilnehmer stören.

Ablauf

Der Teilnehmer bewältigt die Übung, indem er über das untere Seil balanciert, und das obere als Handlauf verwendet. Die Übung ist leichter zu meistern, wenn sich der Teilnehmer nach vorne, also in Richtung Handlaufseil, lehnt. Wird die Übung von zwei Teilnehmern gleichzeitig begangen, so kann ein entgegenkommendes Passieren eine besondere Herausforderung darstellen.

Mögliche Spielvarianten sind ein blindes Begehen der Übung oder der Transport diverser Gegenstände, etwa eines Balles.

Besondere Gefahrenhinweise

Das untere Seil muss relativ stark gespannt sein, immerhin darf der Teilnehmer am niedrigsten Punkt den Boden nicht berühren, der höchste Punkt soll nicht mehr als 50 cm betragen. Um die Übung leichter zu gestalten, kann auch das Handlaufseil recht stark angezogen werden. Gerade bei diesen starken Zugkräften und wenn mehrere Teilnehmer die Übung gleichzeitig begehen, muss auf den Durchhang und auf die Kräfteauswirkungen auf Anschlagkomponenten und Bäume besonders Rücksicht genommen werden.

Beachten Sie als Trainer, dass die meisten Unfälle beim Einstieg und beim beabsichtigten Ausstieg aus der Übung geschehen und unterstützen Sie den Teilnehmer dabei. Bei ungeübten oder schlecht aufgewärmten Teilnehmern birgt der Schritt vom Boden auf den Spanngurt das Risiko von Knieverletzungen. Erlauben Sie keine Sprünge von der Slackline beziehungsweise vom Spanngurt.

Anbringen von Aktionselementen am gespannten Seil

Die Verbindung zwischen einem horizontal straff gespannten Seil und schlaff herabhängenden Seilen, wie etwa für Buckets oder Lianen, kann folgendermaßen durchgeführt werden:

Zunächst wird aus einer kurzen Reepschnurschlaufe ein Prusik um das straffe Seil gelegt. In das herabhängende Seil wird eine Achterschlaufe gelegt und diese mit einem Karabiner oder einem Schraubglied in die Prusikschlinge eingehängt.

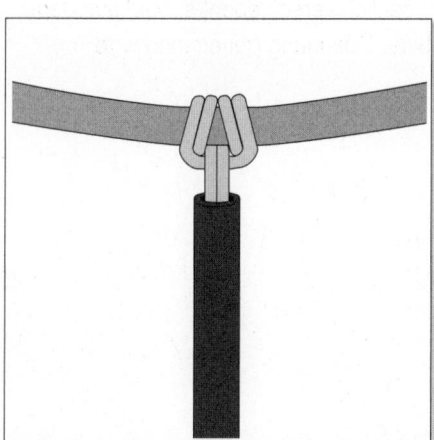

Die beste Methode, Pizzateller oder beispielsweise Autoreifen hängend am horizontal verlaufenden Seil zu montieren, funktioniert mit einer langen Prusikschlinge. Zunächst wird diese um das Seil gelegt. Dann wird ein etwa 100 bis 150cm langes Schlauchstück (z.B. Gartenschlauch) über die nach unten hängende Prusikschlinge geführt, etwa 10cm der Schlinge sollen am anderen Ende des Schlauches wieder herauskommen.

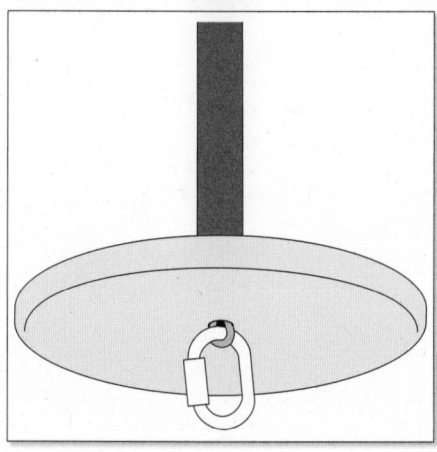

Dieses Ende der Prusikschlinge wird nun durch das mittige Loch des Pizzatellers oder ein Loch im Autoreifen geführt. Ein Schraubglied oder ein Karabiner verhindern, dass der Pizzateller abgenommen werden kann. An diesem Schraubglied können auch weitere Hilfsseile befestigt werden, mit denen passive Teilnehmer den Pizzateller stabilisieren können. Bei einem Autoreifen kann eine große Beilagscheibe oder ein Stück Holz das Durchrutschen durch den Gummireifen verhindern.

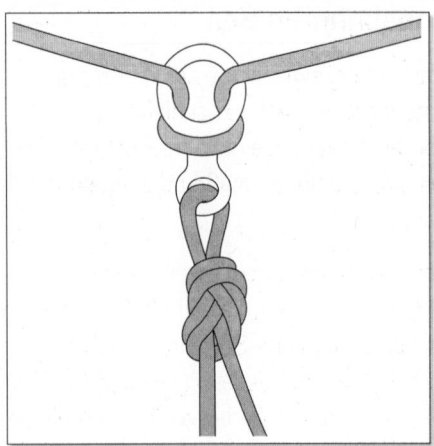

Eine weitere sehr ästhetische Lösung, um Aktionsseile von einem straff gespannten Seil herabhängen zu lassen, kann mit einem Abseilachter erfolgen. Das horizontale Seil verläuft durch das große Auge des Abseilachters, und zwar genauso wie bei der herkömmlichen Benutzung beim Abseilen beziehungsweise Sichern mit Abseilachter.

In das kleine Auge wird das Aktionsseil mit einer Achterknotenschlinge eingebunden.

Diese Methode hat den Vorteil, dass das gespannte Seil keine sehr engen Radien durchlaufen muss – gleichzeitig lässt sich der Achter seitlich verschieben, sobald aus dem Seil etwas Spannung genommen wird.

Low Buckets

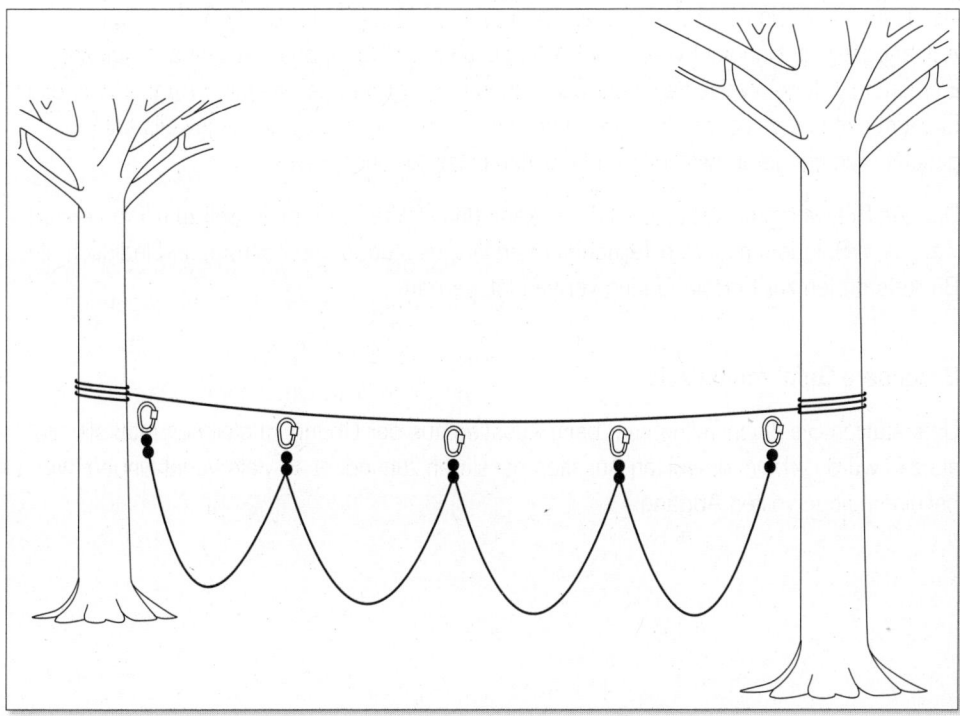

Herausfordernde bodennahe Übung für einen oder zwei Teilnehmer.

Sicherung

Auch bei dieser Übung muss, sofern sie bodennah gebaut wird, gespottet werden.

Aufbau

Bei den Low Buckets wird zunächst ein Seil in Handhöhe (etwa 180cm) gespannt. Ein weiteres Seil wird darunter verlegt, und zwar so, dass es schlaff durchhängend nach immer etwa einem Meter das straff gespannte Seil berührt.

Die Buckets sollten so konstruiert sein, dass der Teilnehmer während der Übung den Boden nicht erreicht, gleichzeitig sollte er sich mit den Füßen aber auch nicht weiter als etwa 50cm über dem Boden befinden können. In der Regel lässt sich das erreichen, indem die Buckets in der Mitte der Übung etwas kürzer als die äußeren sind.

Ablauf

Der Teilnehmer überquert das Element, indem er die Buckets für die Füße und das Aufhängeseil als Handlauf verwendet. Wie die meisten Übungen lässt sich auch dieses Element in vielerlei Weise variieren. So können etwa Teilnehmer mit einer Augenbinde das Element blind bewältigen oder es können zwei Teilnehmer die Übung in jeweils entgegen gesetzte Richtungen bewältigen und müssen einander passieren.

Um den Schwierigkeitsgrad zu erhöhen, kann das straffe horizontale Seil zum Tabu erklärt werden, z.B. indem man den Teilnehmern erklärt, es stünde unter Strom, und lediglich die Buckets dürfen zur Fortbewegung verwendet werden.

Besondere Gefahrenhinweise

Unterstützen Sie einen Teilnehmer beim Ausstieg aus der Übung im gleichen Maß als ob er stürzen würde – beim gewollten Ausstieg passieren zumindest so viele Verletzungen, wie bei einem ungewollten Abgang.

Pizzeria, Autoreifen, Wobbly Logs

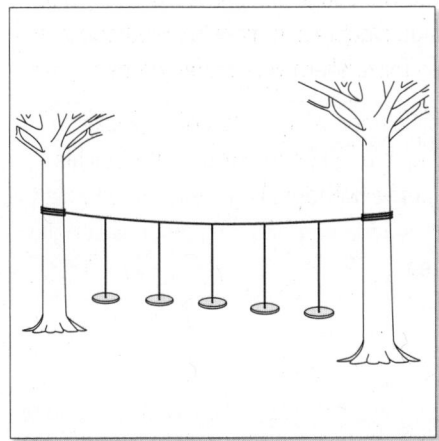

Pizzeria

Bei der Pizzeria wird zunächst ein Seil relativ straff zwischen zwei Bäumen verlegt, dabei können Wickelknoten und ein externer Flaschenzug zum Einsatz kommen. Etwa jeden Meter wird daran ein Pizzateller hängend angebracht. Der Teilnehmer muss sich nun von einem Teller zum nächsten weiterhangeln. Beim Spotten ist hier besonders darauf zu achten, dass weder ein fallender Teilnehmer noch die Spotter von schwingenden Pizzatellern verletzt werden.

Zur Unterstützung der Teilnehmer können die Pizzateller untereinander verbunden werden, oder es können Hilfsseile gelegt werden mit denen andere Teilnehmer die Pizzateller stabilisieren.

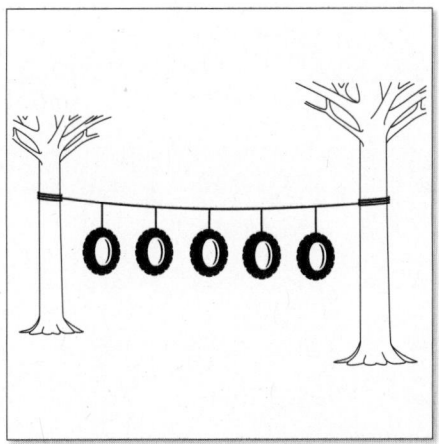

Autoreifen

Ein Seilweg aus Autoreifen ist besonders für Kinder sehr lustig, der Weg wird überschritten indem sich der Teilnehmer von einem Autoreifen zum nächsten hantelt. LKW Reifen stellen durch ihre Größe und das Gewicht ein Problem des Transports und der Lagerung dar. Sie bieten die Möglichkeit, dass Teilnehmer durch sie durchklettern können, was – gerade für Kinder – den Spaß weiter erhöht.

Weisen Sie Ihre Teilnehmer bereits im Vorfeld auf die Verschmutzungsgefahr durch Gummiabrieb hin. Die Verschmutzungsgefahr im Zuge solcher Übungen sollte generell ein Teil des Haftungsausschlusses darstellen.

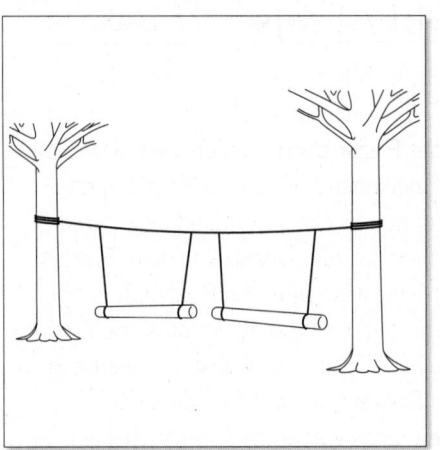

Wobbly Logs

Mehrere Rundlinge werden am straffen Seil befestigt. Dabei kann dieselbe Methode wie bei den Pizzatellern verwendet werden.

Die Teilnehmer müssen nun die Strecke bewältigen und können das straffe Seil als Handlauf verwenden.

Anbringen eines Seiles in der Höhe ohne Beklettern des Baumes

Bei zahlreichen niedrigen Elementen ist es nötig, Seile an Punkten anzubringen, die vom Boden stehend aus nicht zu erreichen sind. Steht keine Leiter oder Klettermaterial zur Verfügung oder darf aus arbeitsschutzrechtlichen Gründen der Boden nicht verlassen werden, so gibt es immer noch Methoden, dieses Ziel zu erreichen …

Mithilfe eines Wurfsacks oder auch Pfeil und Bogen können Seile am Baum befestigt werden, ohne diesen zu beklettern. Bei sicherungsrelevanten Seilen, wie etwa das Canopee einer Toprope Sicherung, muss der Baum in jedem Fall erklommen werden, um zu kontrollieren, ob die jeweiligen Äste tatsächlich geeignet sind. Werden jedoch nur Spielseile verlegt, die lediglich Teil des Aktionssystems und nicht des Sicherungssystems der Übung sind, eignet sich diese Methode bestens.

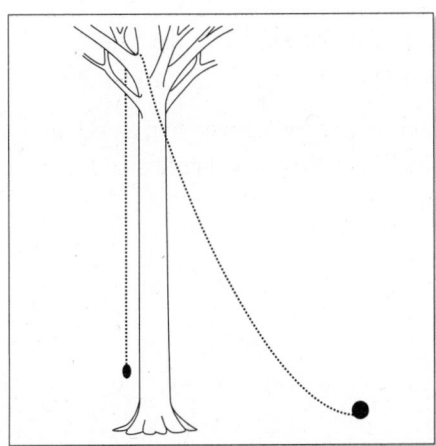

Zunächst wird der Wurfsack an der Leine über einen passenden Ast geworfen. Der Ast muss stabil genug sein, der Belastung durch die Übung standzuhalten, im Idealfall befindet sich darunter noch ein zweiter stabiler Ast als Backup.

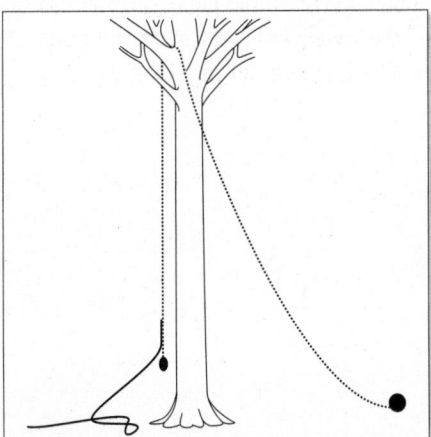

Nun wird das Statikseil am Ende der Wurfsackleine befestigt.

Die Befestigung muss so gestaltet sein, dass sich einerseits das Statikseil nicht von der Wurfsackleine lösen kann, andererseits kein übermäßig großer Knoten oder ein abstehendes Seilende unnötigen Widerstand beim Ziehen über den Ast bieten können.

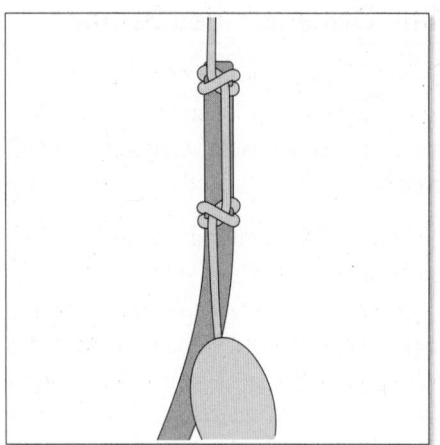

Dazu wird zunächst die Wurfleine mittels eines Mastwurfs ungefähr 15 cm vor dem Seilende des Statikseils an diesem befestigt. Dieser Knoten gewährleistet eine zuverlässige Verbindung zwischen dem Statikseil und der Wurfsackleine. Ein zweiter Mastwurf wird unmittelbar am Seilende des Statikseils angebracht, um ein abstehendes Ende des Statikseiles zu verhindern.

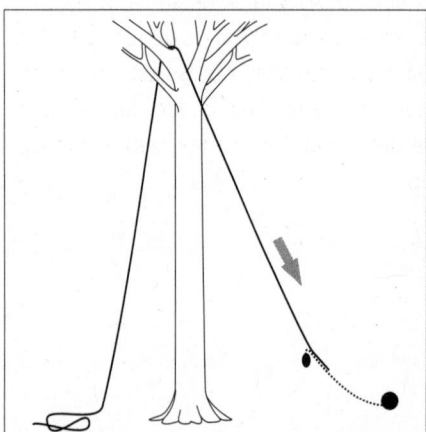

Jetzt kann das Statikseil über die Äste gezogen werden.

Danach wird der gleiche Vorgang an einem weiteren Baum im passenden Abstand durchgeführt.

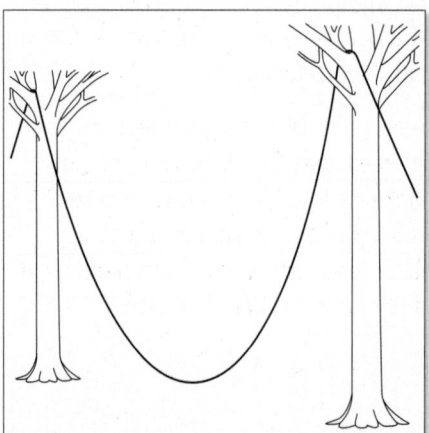

Bevor nun das Seil in die Höhe gezogen wird, müssen die jeweiligen Installationen für das gewünschte Element durchgeführt werden.

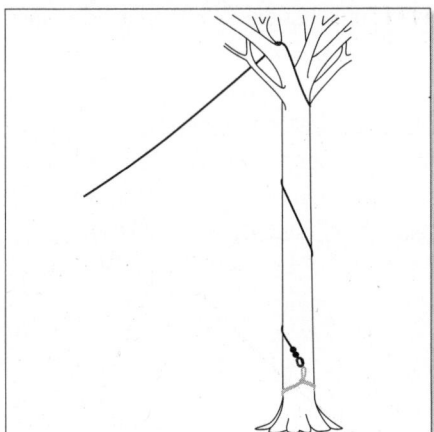

Durch Ziehen oder Nachlassen an den herabführenden Seilenden, kann das gewünschte Element justiert werden.

Sobald dies geschehen ist, wird das Seil nach unten abgesichert. Dazu wird es herabführend um den Baum gewickelt und unten mit einer Baumschlinge befestigt.

Sanduhr und Ship's Crossing

Sanduhr

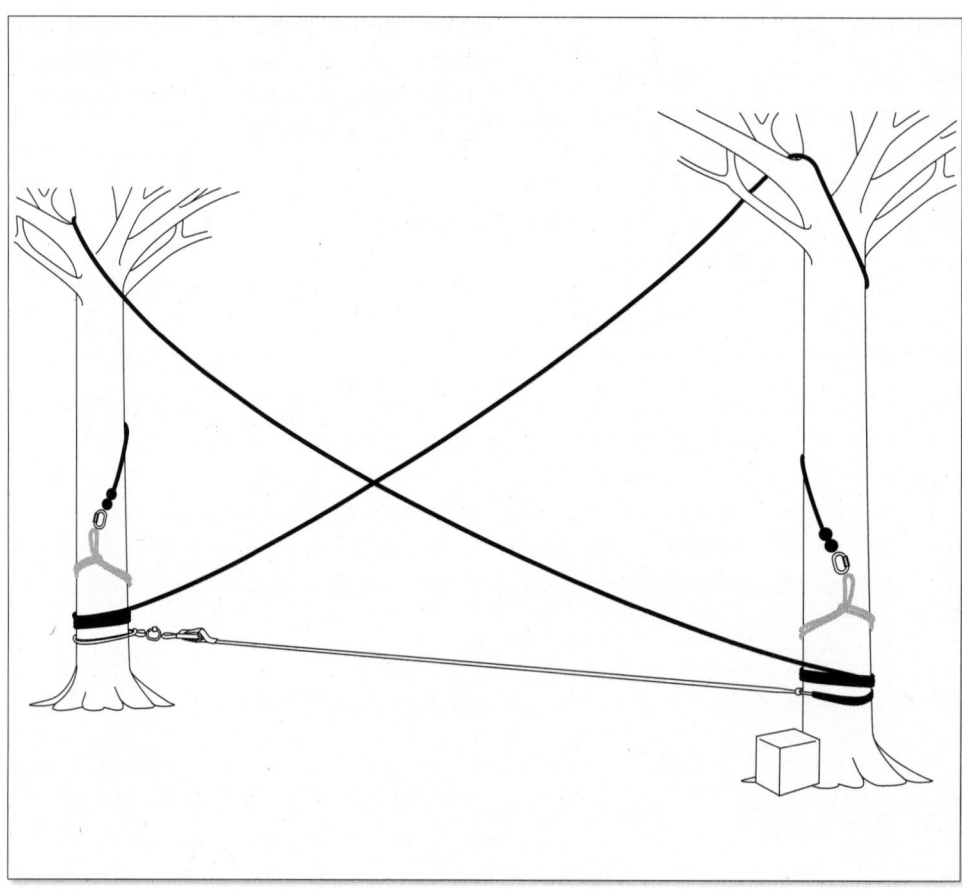

Legende

——	Statikseil		Rapidglied Schraubglied
	Achterknoten		Karabiner
	Baumschlinge Schwerlastschlinge	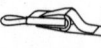	Schnellspanngurt Slackline

Die Sanduhr kann als niederes oder hohes Element für einen oder zwei Teilnehmer gebaut werden.

Sicherung

Bei der hier dargestellten niederen Variante werden pro aktiven Teilnehmer zusätzlich zumindest vier Personen zum Spotten benötigt. Es können also bis zu zehn Personen beschäftigt werden. Wird die Sanduhr als niederes Element gebaut, so ist darauf zu achten, dass sich die aktiven Teilnehmer nicht weiter als 50cm über dem Boden befinden. Auch die Umfeldkontrolle ist hier besonders wichtig, Wurzeln oder Steine unterhalb des Aktionselements können zu Verletzungen führen.

Herkömmlicher Aufbau

Obwohl die Seile an ihrem höchsten Punkt ohne weiteres auf etwa vier Metern angebracht werden können, kann diese Übung errichtet werden, ohne den Boden zu verlassen, siehe dazu die im Voraus beschriebene Methode. Je schlaffer die beiden Querseile der Sanduhr verspannt sind, umso höher wird der Schwierigkeitsgrad der Übung. Unten werden die Seile mit einem Wickelknoten befestigt. Da das Seil von unten nach oben abgeht, muss auch der Wickelknoten entsprechend gewickelt sein. In Bodennähe wird die Slackline oder ein Spanngurt verlegt.

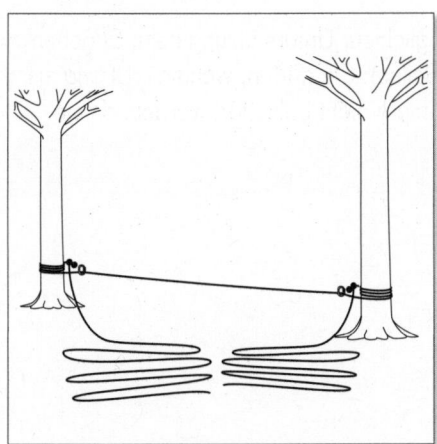

Materialsparender Aufbau

Bei dieser Übung kann auf sehr viel Material verzichtet werden, theoretisch reichen ein Statikseil, welches etwa die fünffache Länge des Abstands der beiden Bäume aufweist, und vier Karabiner. Damit kann diese Übung auch im Rucksack beim Wandern mitgenommen werden.

In diesem Fall wird zunächst ein Wickelknoten an einem Baum in etwa 50 cm Höhe angebracht – und zwar so, dass am Ende des Wickelknotens noch etwa 40 % der Seillänge übrig bleibt.

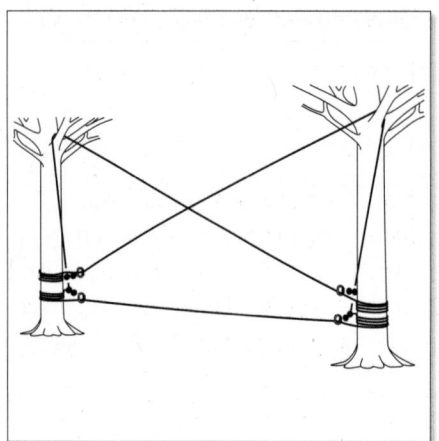

Das Balancierseil wird dann mittels eines Expressflaschenzugs unter Vorspannung gebracht und am anderen Baum ebenfalls mittels Wickelknoten fixiert. Damit sollte auch am Ende dieses Wickelknotens etwa 40 % des gesamten Seiles übrig bleiben.

Diese beiden Enden werden dann in die Höhe geführt und wiederum überkreuz nach unten. Dort werden sie mit einer weiteren Wickelung fixiert. Beachten Sie jeweils die Richtung der Wickelung auf der Darstellung.

Ablauf

Die Teilnehmer balancieren auf einem horizontal gespannten Seil oder einer Slackline. Bei Slacklines ist einerseits zu beachten, dass sie je nach Hersteller unterschiedlich aufzubauen und abzusichern sind – und andererseits, dass der nötige Durchhang nicht unterschritten wird.

Besondere Gefahrenhinweise

Die über Kreuz führenden Handlaufseile dienen lediglich zur Unterstützung beim Begehen der Slackline (bzw. des unteren straff gespannten Seiles). Sie dürfen, wenn die Übung als niederes Element konzipiert wurde, von den Teilnehmern nicht beklettert werden, da sie sich dabei zu weit vom Boden entfernen.

Ship's Crossing Variante 1

Der Teilnehmer balanciert über ein straff gespanntes Seil oder eine Slackline und hat ein Hilfsseil, welches von einem Baum oben zum anderen Baum unten verläuft.

Ship's Crossing Variante 2

Der Teilnehmer balanciert über das straff gespannte Seil (Slackline) und hat ein Hilfsseil, welches parallel zur Übung oben an einem Baum befestigt ist.

Ship's Crossing Variante 3

Wie die vorige Übung, jedoch ist das Hilfsseil seitlich an einem dritten Baum befestigt.

Anbringen einer Baumschlinge in der Höhe ohne Beklettern des Baumes

Für einige niedere Übungen ist es nötig, eine Baumschlinge mit einer Rolle oder einem Karabiner mit einem durchlaufenden Seil in der Höhe anzubringen. Dies ist besonders dann wichtig, wenn ein horizontales Aktionsseil relativ straff gespannt werden soll. Es ist dabei nicht unbedingt nötig, den Baum zu beklettern, sodass viel Zeit gespart werden kann.

Bitte beachten Sie, dass diese Methode nur verwendet werden darf, wenn lediglich ein Teil des Aktionselementes angebracht wird, für sicherungsrelevante Konstruktionen in der Höhe ist es unbedingt notwendig, den Baum zu beklettern und sich ein Bild vom Anschlagpunkt zu machen.

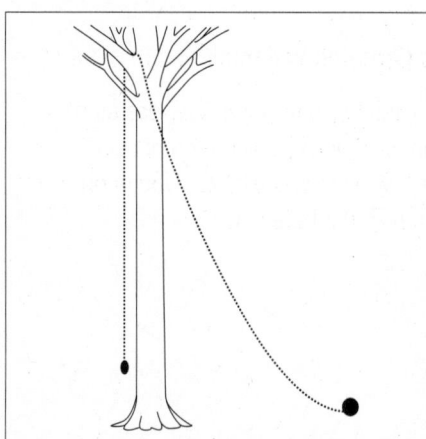

Zunächst wird der Wurfsack an der Leine über einen passenden Ast geworfen.

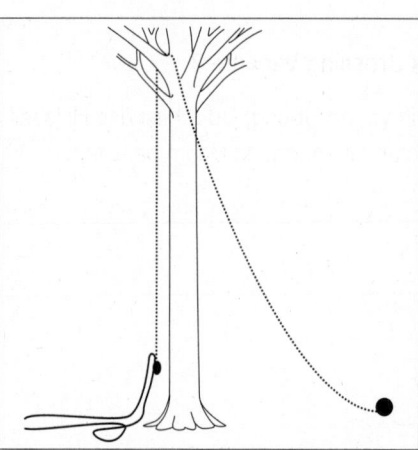

Nun wird an der Wurfsackleine ein Statikseil befestigt, und zwar in der Seilmitte.

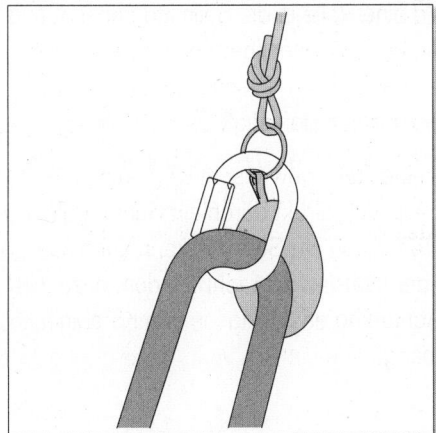

Dazu wird die Seilmitte in ein Schraubglied oder einen Karabiner gehängt, dieser wird am Ring des Wurfsacks befestigt.

Alternativ kann auch die Wurfsackleine direkt mit der Seilmitte verknotet werden.

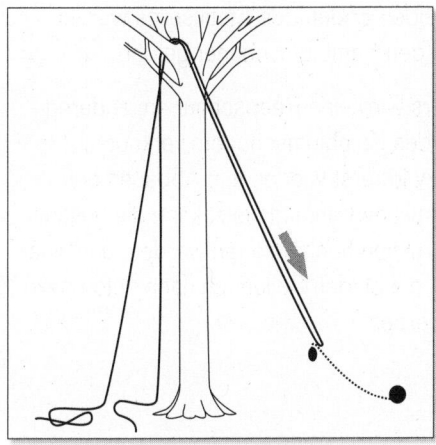

Nun wird das doppelte Seil über den Ast gezogen.

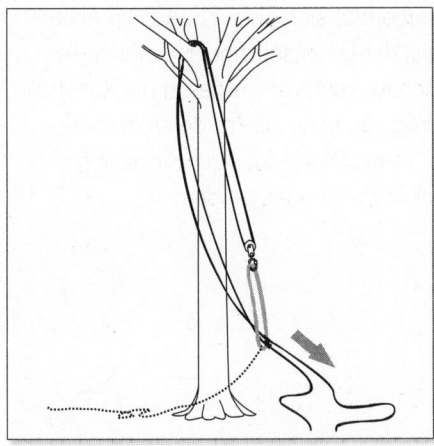

Der Wurfsack kann nun entfernt werden, stattdessen werden die Komponenten zum hinaufziehen vorbereitet. Dieser Schritt muss sehr sorgfältig durchgeführt werden, da es ansonsten beim Hinaufziehen, spätestens aber beim Abbauen zu Komplikationen kommen kann und der Baum dann doch beklettert werden muss.

Spannung zwischen Bäumen

Es wird eine Rolle in die Seilmitte gehängt und ein Kambiumschoner (beziehungsweise eine Band- oder Schwerlastschlinge) mit einem Karabiner daran befestigt.

Falls keine Rolle gewünscht wird, kann das Statikseil auch direkt durch ein Schraubglied verlaufen. Auch ein Seilende kann auf diese Art in der Höhe angebracht werden, dazu wird eine Achterknotenschlinge in den Karabiner eingehängt.

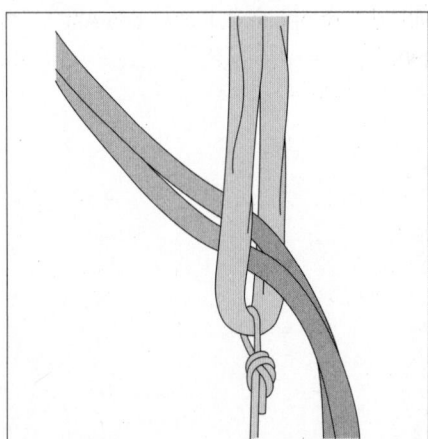

Die beiden Enden des Statikseiles werden durch den Kambiumschoner geführt.

Weiters wird eine Reepschnur am anderen Ende des Kambiumschoners verknotet. Diese wird erst wieder zum Abbauen der Konstruktion benötigt. Jetzt kann die gesamte Konstruktion hochgezogen werden, und zwar indem die beiden Seilenden nach unten gezogen werden.

Dadurch ergibt sich oben am Ast ein Ankerstich mit der Baumschlinge. Nachdem die Reepschnur versorgt wurde, ist die Konstruktion fertig und kann als Teil des Aktionselements, keinesfalls jedoch zur Sicherung von Menschen verwendet werden.

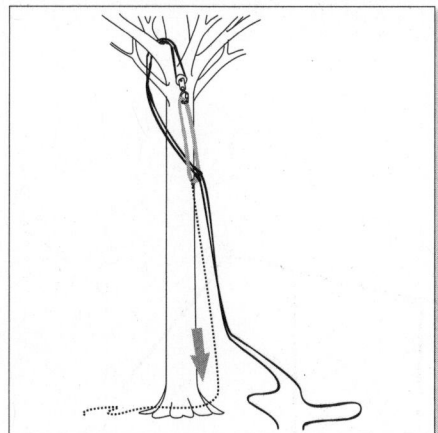

Um die Konstruktion wieder abzubauen, muss an der Reepschnur gezogen werden. Dadurch sollte sich der Ankerstich auflösen. Es ist darauf zu achten, dass Rolle und Karabiner nicht hart am Boden aufschlagen.

Spannung zwischen Bäumen

Multivine Traverse

Legende

——— Statikseil	⬭ Rapidglied / Schraubglied
Achterknoten	⌒ Karabiner
Baumschlinge / Schwerlastschlinge	 Schnellspanngurt Slackline
Einzelrolle	

Die Multivine Traverse ist eine von zahlreichen Übungen, bei denen das Balancieren auf einem straff gespannten Seil oder einer Slackline durch Behelfe erleichtert wird.

Das Verspannen des Seiles und die Möglichkeiten, wie Behelfe am Seil angebracht werden können, wurden bereits im Vorfeld dieses Buches bearbeitet.

Etwa zweieinhalb Meter oberhalb des Balancierseiles wird ein weiteres Seil verspannt. An diesem Seil werden je nach gewünschtem Schwierigkeitsgrad kurze Seilstücke hängend angebracht. Der oder die aktiven Teilnehmer können sich nun von einem Seilstück (Vine) zum nächsten vorhangeln und so die Übung bewältigen. Die Abstände können im Zuge der Übung immer größer werden, damit wird der Schwierigkeitsgrad im Zuge der Übung erhöht.

Die Multivine Traverse eignet sich bestens als Bestandteil des in der Folge beschriebenen Mohawk Walks.

Bei einer bodennahen Bauweise sollten jedem aktiven Teilnehmer zumindest vier Spotter zur Verfügung stehen.

Pulleywalk, Deep Buckets

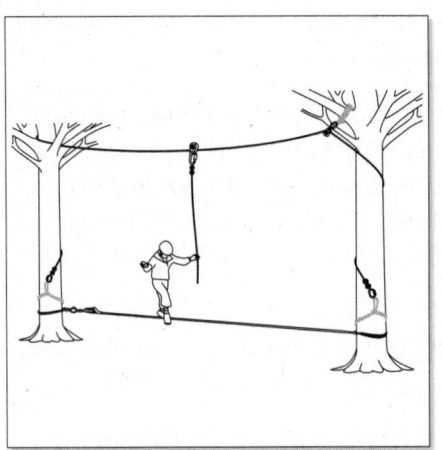

Pulleywalk

Oberhalb des begehbaren Seiles (der Slackline) ist ein weiteres Seil gespannt, an dem eine Rolle montiert ist. An der Rolle ist mittels eines Karabiners (oder Schraubgliedes) und eines Achterknotens ein kurzes Hilfsseil befestigt. Dieses dient dem Teilnehmer als Hilfsseil. Es ist darauf zu achten, dass das obere Seil und die Rolle vom Teilnehmer nicht erreicht werden können.

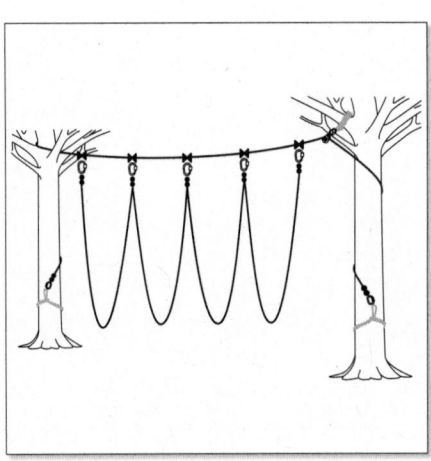

Deep Buckets

Im Gegensatz zu den bereits beschriebenen Low Buckets kann bei den Deep Buckets das tragende Seil nicht erreicht und daher auch nicht als Handlaufseil verwendet werden.
Die Übung ist daher sehr Kraft raubend und herausfordernd.

Der Mohawk Walk

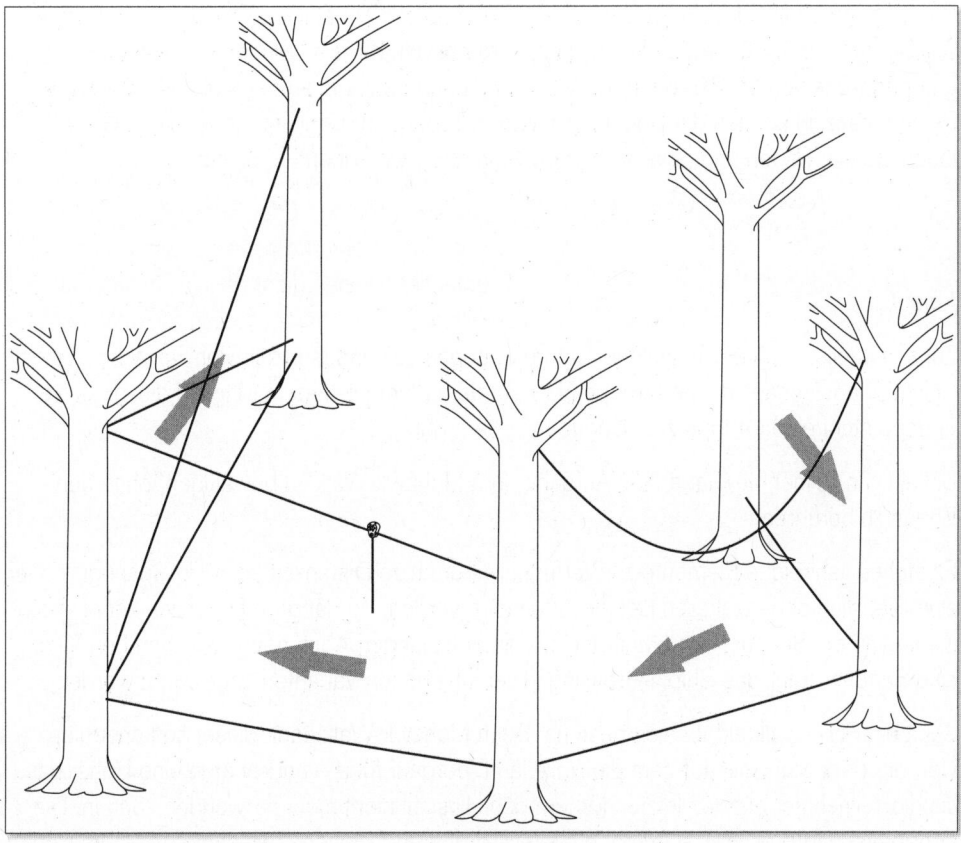

Ein Mohawk Walk besteht aus einer Abfolge mehrerer bodennaher Elemente. Das besondere daran ist, dass keines dieser Elemente von einem Teilnehmer alleine bewältigt werden kann. Daher werden die Elemente in Kleingruppen zu vier bis fünf Personen begangen, die sich untereinander so organisieren, dass zum Schluss alle den gesamten Parcours schaffen.

Sicherung

Der Mohawk Walk wird durch Spotten gesichert. Da jedem aktiven Teilnehmer zumindest vier Spotter zur Verfügung stehen sollten, wird bei vier aktiven Teilnehmern eine Gesamtgruppengröße von 20 Personen nötig. Je nach Länge des gesamten Mohawk Walks und Personenanzahl können die Spotter die aktiven Teilnehmer begleiten, oder einen Gang (auch Gasse) Bilden und jeweils die vorbeikommenden Teilnehmer sichern.

Ablauf

Zunächst teilen sich die Teilnehmer in fünf Gruppen zu mindestens je vier Personen. Es ist immer abwechselnd eine Gruppe aktiv auf dem Element. Jedem Mitglied dieser aktiven Gruppe steht eine Gruppe zum Spotten zur Verfügung.

Die aktiven Teilnehmer haben die Aufgabe, den Mohawk Walk zu bewältigen, ohne den Boden zu berühren.

Es stehen zahlreiche Elemente zur Verfügung: Für kurze Distanzen kann ein Spanngurt oder eine Slackline ohne weiteren Behelf verwendet werden. Für längere Distanzen können Elemente wie die Sanduhr, eine Multivine Traverse mit langen Abständen zwischen den Vines, eine Sanduhr oder das Ship's Crossing in verschiedenen Varianten angewandt werden.

Auch ein Pulleywalk eignet sich bestens. Beim Mohawk Walk kann dieser so konstruiert werden, dass das Seil, auf dem die Rolle läuft, bergauf führt – und zwar in eine Höhe, dass sie die Teilnehmer auf den letzten Metern das Hilfsseil nicht mehr verwenden können. Die Gruppe ist dadurch vor die Aufgabe gestellt, große und kleinere Teilnehmer in einem sinnvollen Ablauf durchzubringen. Weiters hat diese Variante den Vorteil, dass die Rolle mit dem Behelfsseil durch die Schwerkraft automatisch zum Anfangspunkt zurückkehrt.

Auch ein Entgegenkommen zweier Gruppen ist möglich – jede Gruppe startet an einem Ende des Mohawk Walks und muss das jeweils gegenüberliegende erreichen. In diesem Fall werden die äußeren Übungen so gebaut, dass sie von zwei Personen bewältigbar sind, die mittlere Übung kann nur von allen gemeinsam bewältigt werden. Auch hier gilt selbstverständlich, dass jeden aktiven Teilnehmern vier Personen zum Spotten zur Verfügung stehen. Auch ein Spotten als Gang (Gasse), wie bereits beschrieben, ist möglich.

Als weitere Variation des Mohawk Walks kann den Teilnehmern verboten werden, die Bäume zu berühren.

Besondere Gefahrenhinweise

Beachten Sie, dass auch der Umstieg zwischen den Elementen für die Teilnehmer Schwierigkeiten bedeuten können, und lassen Sie entsprechend gut spotten.

Besondere Verletzungsgefahr lauert auch hier bei den Auf- und Abstiegen, Teilnehmer, die das Ziel erreicht haben, neigen dazu, vom Spanngurt herunter zu springen, das muss verhindert werden.

Bei dieser Übung kann es vorkommen, dass vier Teilnehmer einen Spanngurt gleichzeitig mittig belasten. Bei einem geringen Durchhang können daher sehr hohe Kräfte auf die Anschlagpunkte und die dort verwendeten Komponenten wirken. Alukarabiner werden dort in der Regel nicht ausreichen.

Da beim Mohawk Walk mehrere Elemente mir Spanngurten hintereinander begangen werden, müssen die Teilnehmer auch die Ratschen der Spanngurte passieren. Sie sollten daher mit dem Hebel nach unten verlegt werden. Dies ist zwar im Aufbau etwas aufwändiger, da von unten geratscht werden muss – für die Teilnehmer vermindert sich jedoch das Verletzungsrisiko.

Der Waldspielplatz

Der Waldspielplatz ist eine spielerische Variante des Mohawk Walks, die Elemente können jedoch auch von einzelnen Teilnehmern bewältigt werden. Durch Kombination mehrerer niedriger Elemente kann ein ganzer Spielplatz errichtet werde.

Sinnvoll ist, die Elemente so anzuordnen, dass sie in einer gewissen Reihenfolge begangen werden und ein Lerneffekt von einem zum nächsten Element mitgenommen werden kann.

Beim hier dargestellten Waldspielplatz wird zunächst ein Postman's Walk begangen, danach Low Buckets.

Der Board Walk, bestehend aus zwei hängenden Brettern und kann mit wenigen Handgriffen in eine niedere Zugbrücke umgebaut werden.

Die Pizzateller am Schluss stellen die schwierigste Übung dar.

Der hier dargestellte Waldspielplatz wurde über einer Wildschweinsuhle mit Wasser und Schlamm gebaut. Der imaginäre Lavasee oder das Haifischbecken sind damit hinfällig, kein Teilnehmer möchte in eine Wildschweinsuhle fallen – und wenn doch, so landet er zumindest weich.

Die Umfeldkontrolle ist gerade bei trübem Wasser besonders wichtig, nicht selten lauert ein Stein unter der Oberfläche.

Low Wobbly V

Legende

———	Statikseil		Rapidglied Schraubglied
	Achterknoten		Karabiner
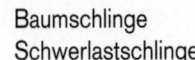	Baumschlinge Schwerlastschlinge		Einzelrolle

Bei dieser Bauweise der Niederen Zugbrücke muss kein horizontales Seil über der Übung angebracht werden. Stattdessen werden mit der im Vorfeld beschriebenen Technik zwei Rollen an Kambiumschoner am Baum auf einer Höhe von mindestens 4 Metern angebracht. Die beiden Rollen sollen auch unter Belastung einen Abstand von etwa 50 cm aufweisen, damit die beiden Bretter einander nicht berühren können.

Bei der Niederen Zugbrücke V starten die beiden Teilnehmer an den entfernten, am Boden aufliegenden Enden der Bretter und nähern sich jeweils der Spitze des V an, dort soll keines der Bretter den Boden berühren. Bewegt sich ein Teilnehmer zu schnell, so wird sein Brett nach unten sinken und der andere Teilnehmer muss nachziehen. Durch die Positionierung im V haben die Teilnehmer besseren Blickkontakt als bei der in der Folge beschriebenen herkömmlichen niederen Zugbrücke. Es kann auch zwischen den Teilnehmern ein kurzes Seil geführt werden, damit sie einander in der Balance unterstützen.

Neben den beiden aktiven Teilnehmern werden noch zumindest je vier Personen zum Spotten benötigt. Hier ist besonders darauf zu achten, dass sich im Falle eines Sturzes oder Abstieges eines Teilnehmers die Kräfte auf den anderen Teilnehmer übertragen – weiters können dadurch die Bretter in Schwingung geraten und bei Unachtsamkeit Verletzungen verursachen.

Spielerische Variante

Ziel dieser Übung ist, dass die beiden Bretter an der Spitze des V niemals den Boden zu berühren. Teilnehmer, besonders Kinder, tendieren dazu, einen solchen Fehler übersehen zu wollen. Um diesen spielerisch jedoch klar aufzuzeigen, können zwei rohe Eier unter die Bretter gelegt werden – ein zerbrochenes Ei ist der klare Beweis, dass zumindest ein Brett den Boden berührt hat.

Der Schmetterlingsknoten

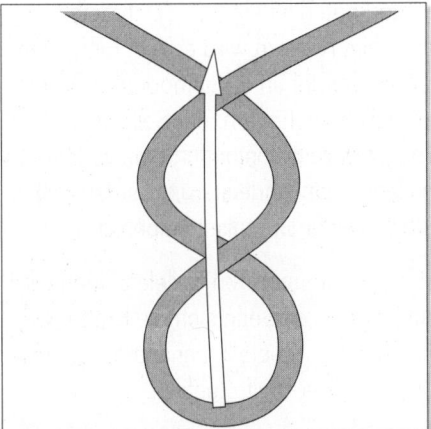

Der Schmetterlingsknoten ist gerade in der temporären Seilarbeit durch seine vorteilhaften Radien sehr hilfreich. Da er relativ unbekannt ist, wird oft fälschlicherweise an seiner Stelle eine Achterknotenschlinge verlegt – daher wird er hier explizit beschrieben.

Zunächst wird das Seil zweimal eingedreht.

Die untere Bucht wird dann nach oben gezogen …

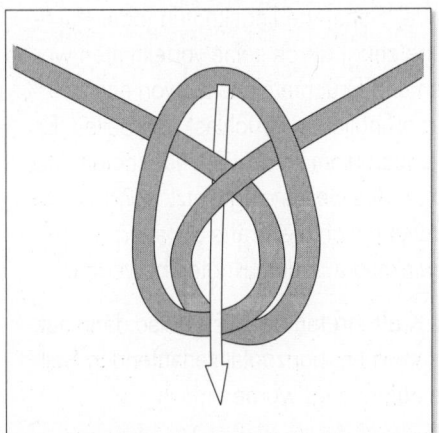

… und über die horizontal abgehenden Seile verlegt. Dann wird sie durch das verbleibende Auge durchgezogen.

Zuletzt werden alle vier aus dem Knoten führenden Seile straff gezogen.

Achterknotenschlinge versus Schmetterlingsknoten

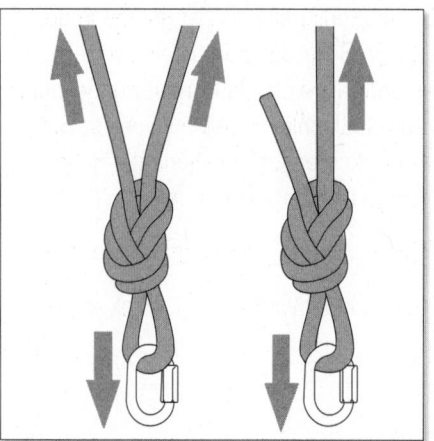

Der Achterknoten ist einer der sichersten Knoten. Beim Klettern wird er zum Einbinden am Seil verwendet, in der temporären Seilarbeit zusätzlich auch noch, um Seile an Ankerpunkten zu befestigen. Seine vorteilhaften Radien gewährleisten, dass das Seil etwa 70 % seiner Bruchlast beibehält.

Beim Bau von temporären Seilelementen wird er dann eingesetzt, wenn sich die Kräfte, wie nebenstehend dargestellt, annähernd geradlinig durch den Knoten fortsetzen.

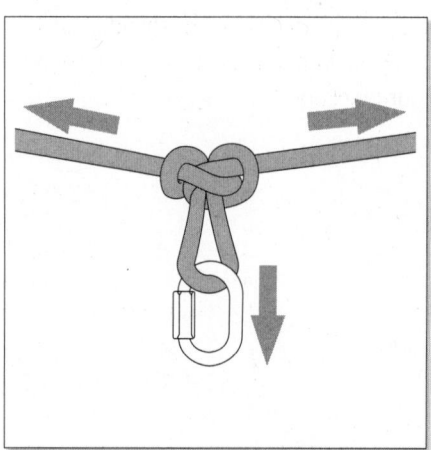

Auch der Schmetterlingsknoten (oder Papillon) überzeugt durch seine vorteilhaften weiten Radien und Bruchfestigkeiten von etwa 70 % der ursprünglichen Bruchlast des Seiles. Er wird jedoch niemals als Einbindeknoten, also am Ende des Seiles eingesetzt, sondern stets dann, wenn sich die Kräfte annähernd rechtwinkelig aus dem Knoten bewegen.

Diese Kräfte treten beispielsweise dann auf, wenn an einem horizontal verlaufenden Seil etwas aufgehängt werden muss.

Würde an dieser Stelle eine Achterschlinge verwendet, so kann die Bruchfestigkeit des Seiles auf etwa 40 % sinken.

Beide Knoten haben den Vorteil, dass sie sich auch nach starker Belastung üblicherweise relativ leicht lösen lassen.

Niedere Zugbrücke

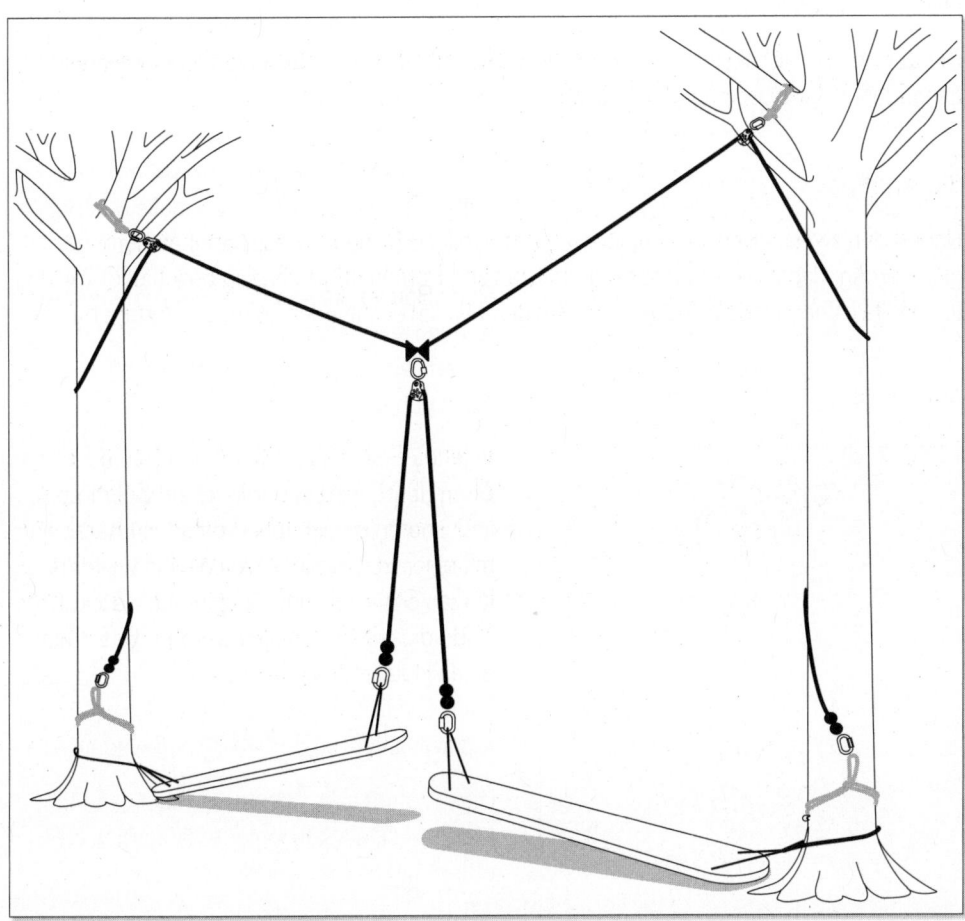

Legende

———	Statikseil		Rapidglied / Schraubglied
—●●—	Achterknoten		Karabiner
—▶◀—	Schmetterlingsknoten		Einzelrolle
～～	Baumschlinge / Schwerlastschlinge		

Die niedere Zugbrücke ist ein niederes Element, bei dem zwei Teilnehmer miteinander physisch interagieren.

Die Zugbrücke eignet sich besonders als Vorübung zu hohen Elementen, bei denen ein besonderes Balancegefühl benötigt wird.

Sicherung

Neben den zwei aktiven Teilnehmern müssen weitere Teilnehmer zum Spotten herangezogen werden, damit können insgesamt bis zu zehn Personen gleichzeitig beschäftigt werden. Im Idealfall stehen jedem Aktiven vier Spotter, also zwei auf jeder Seite, zur Verfügung.

Aufbau

In jenes Seilstück, welches von Baum zu Baum führt, wird in der Mitte ein Schmetterlingsknoten gemacht und daran ein Karabiner mit einer Einzelrolle, durch die ein weiteres kurzes Statikseil führt, angebracht. An jedem Ende dieses Seilstückes werden die Enden eines Holzbrettes befestigt.

Die beiden Holzbretter sind zwar nicht sicherungsrelevant, müssen aber natürlich trotzdem so gestaltet sein, dass sich die Teilnehmer nicht leicht daran verletzen können. Das bedeutet, dass keine Holzspäne herauskommen, die Ecken und Kanten abgerundet sind, keine Rutschgefahr besteht und die Bretter möglichst nicht kippen können. Die jeweils anderen Enden der Bretter werden mit Reepschnüren so voneinander weggezogen, dass sich die beiden Bretter gerade nicht berühren können.

Die beiden Bretter sollen unter Belastung in der Mitte nicht gleichzeitig den Boden berühren können, gleichzeitig muss aber auch gewährleistet sein, dass kein Teilnehmer im Zuge der Übung höher als etwa 50cm über dem Boden sein kann.

Das horizontal über der Übung laufende Seil sollte einen Durchhang von zumindest 10 % aufweisen, bei dieser Übung empfiehlt sich sogar ein deutlich größerer Durchhang.

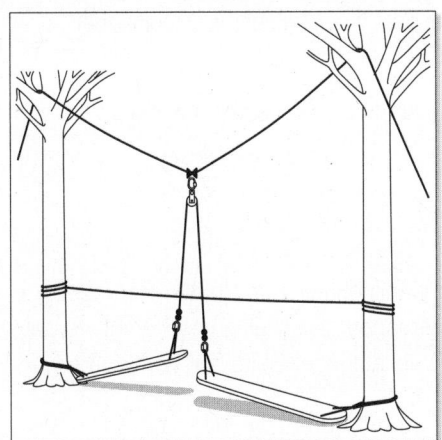

Zur Erleichterung für die Teilnehmer kann auch ein Handlaufseil eingebaut werden.

Ablauf

Die beiden Teilnehmer beginnen jeweils am äußeren Ende der Übung und nähern einander langsam an. Dabei ist zu achten, dass beide Bretter in der Mitte in der Luft bleiben. Bewegt sich ein Teilnehmer zu schnell nach vorne, so wird sein Brett absinken und der andere Teilnehmer muss schnell nachziehen. Wenn sich die Teilnehmer gut aufeinander abstimmen, so werden sie nicht nur die Mitte erreichen, sondern können sogar jeweils auf das andere Brett übersetzen und dieses nach unten begehen. Alternativ kann es den Teilnehmern verboten werden zu sprechen und sie müssen mit Gestik und Blickkontakt kommunizieren. Als besondere Herausforderung kann jeweils ein rohes Ei unter jedes Brett gelegt werden.

Besondere Gefahrenhinweise

Zur Sicherung sollen jeden aktiven Teilnehmer zumindest zwei Personen spotten. Im Falle eines Sturzes eines Teilnehmers kann es zu einem starken Schwanken des Balancebrettes kommen und dadurch Verletzungsgefahr für die Spotter im Beinbereich bestehen, diese sind bereits im Vorfeld auf diese Gefahr hinzuweisen.

Schritte auf dem Mond

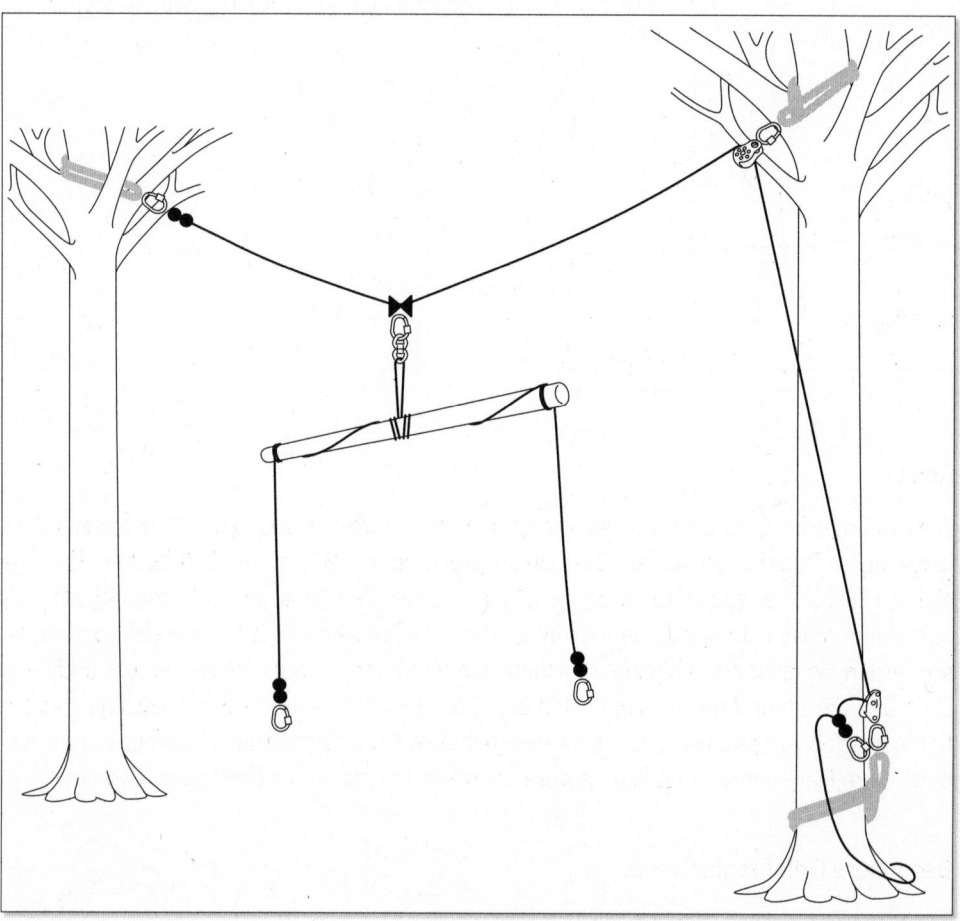

Legende

———	Statikseil		Rapidglied Schraubglied
	Achterknoten		Karabiner
	Baumschlinge Schwerlastschlinge		Einzelrolle
	Swivel		Halbautomatisches selbstblockierendes Abseilgerät

Aufbau

Schritte auf dem Mond ist ein niedriges Element für zwei Teilnehmer. Es müssen zwei Bäume auf eine Höhe von etwa 8 Metern beklettert und ein Seil zwischen den Bäumen verlegt werden. An dem Seil wird in der Mitte drehbar ein etwa 4 Meter langer Rundling befestigt An jedem Ende des Rundlings kann mit einem Abstand von etwa 3 Metern ein Teilnehmer eingehängt werden. Der Abstand ist dabei so zu wählen, dass der Teilnehmer niemals mit dem Rundling in Kontakt kommen kann.

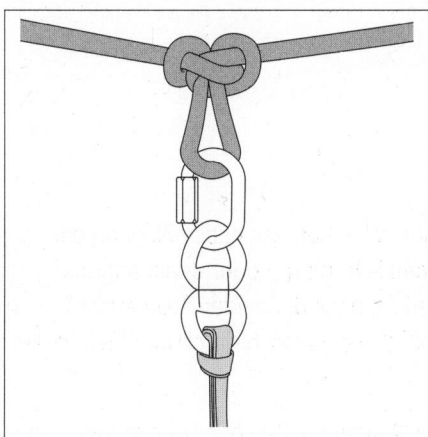

Die Einhängung des Rundlings am horizontal verlaufenden Seil erfolgt mit einem Schmetterlingsknoten und einem Swivel. Der Schmetterlingsknoten ist dann vorteilhaft, wenn sich die abgehenden Seile unter Zug voneinander weg bewegen. Er hat gegenüber einem Achterknoten den Vorteil, dass er unter dieser Belastung deutlich vorteilhaftere Radien aufweist. Durch die Verwendung des Swivel kann diese Übung nicht redundant gebaut werden. Auf den ersten Blick scheint das nicht dramatisch, da es sich um ein niederes Aktionselement handelt, im schlimmsten Fall kann jedoch ein abstürzender Rundling schwere Verletzungen hervorrufen, daher ist auf eine ausreichende Dimensionierung des Swivels zu achten. Weiters sei die ohnedies obligate Helmpflicht besonders betont.

Ablauf

Zum Einhängen in die Übung werden die beiden Teilnehmer jeweils am Rücken eingehängt und steigen dann jeweils auf eine Getränkekiste oder eine andere etwa 50 cm hohe Aufstiegshilfe. Danach wird mittels eines internen Flaschenzuges das Element angehoben. Sobald die Teilnehmer einen deutlichen Zug nach oben spüren, wird das selbstblockierende halbautomatische Abseilgerät nach hinten mit einem Achterknoten abgesichert und es können die Getränkekisten entfernt werden.

Ab jetzt kann nur ein Teilnehmer den Boden berühren. Sobald dieser jedoch beginnt, im Kreis zu laufen oder weg springt, erreicht der andere Teilnehmer wieder den Boden.

Diese Art der „Schwerelosigkeit" kann für zahlreiche Spiele und Übungen verwendet werden.

Die Schritte auf dem Mond eignen sich auch besonders für Agressionsbewältigung bei Kindern. Die beiden Teilnehmer können einander niemals berühren oder direkt angreifen, trotzdem spürt jeder den anderen – das Element steuert, dass die beiden Teilnehmer einander spüren, und zwar in besonders anregender Weise, nämlich durch das Gefühl des Schwebens.

Auch Kämpfe mit den bekannten überdimensionalen Wattestäbchen oder den so genannten Schwimmspagetthis machen mit dieser Übung besonders viel Spaß und geben Kindern die Möglichkeit, kontrolliert Dampf abzulassen.

Besondere Sicherheitshinweise

Achten Sie bei dieser Übung besonders auf den Durchhang des horizontalen Seiles, wie bereits am Anfang dieses Buches beschrieben. Handelsübliche Swivel verfügen oftmals nur über geringe Bruchlasten, vergewissern Sie sich, dass Sie dabei nicht nur das Gewicht der Teilnehmer, sondern auch dynamische Aspekte in Betracht ziehen und wählen Sie das passende Material.

Hohe temporäre Elemente

Jeder, der in einem Seilgarten arbeitet oder temporäre Seilelemente errichtet und betreibt, wurde schon von Teilnehmern mit der Aussage „ich kann das nicht machen, ich habe Höhenangst" konfrontiert. Tatsächlich ist die Höhenangst (Akrophobie) weit weniger verbreitet als angenommen. Ein gesunder Respekt vor der Höhe ist dem Menschen angeboren und soll nicht mit der Akrophobie verwechselt werden.

Bei einem sicher konstruierten und betriebenen Seilelement ist das empfundene Risiko des Teilnehmers sehr hoch – ohne dass ein tatsächliches Absturzrisiko herrscht. Die Seilarbeit nutzt genau diese Schere zwischen empfundenem und tatsächlichem Risiko.

Teilnehmer werden durch die Höhe in eine neue, ungewohnte Situation gebracht und verhalten sich daher anders als im üblichen Alltag. Gerade bei hohen Elementen für mehrere Teilnehmer bietet diese Verhaltensänderung zumeist viel Potential für eine anschließende Reflexionsrunde.

Die in der Folge beschriebenen Übungen bieten zahlreiche verschiedene Anwendungsmöglichkeiten, die Riesenleiter ist eine Teamübung, bei der die Kommunikation und die Teamfähigkeit im Vordergrund stehen, das Kistenklettern hat eher spielerischen Charakter und fordert behutsame, sanfte Bewegungen. Weitere Elemente, wie etwa der Wolf im Schafspelz oder die Feuerleiter, führen den Teilnehmer langsam mit wiederkehrenden Vorgängen in immer größere Höhe, der Teilnehmer realisiert dadurch im Idealfall erst in der Höhe, dass er längst seine Grenzen überwunden hat.

Dieses Buch legt besonderes Augenmerk auf die Konstruktion und die Sicherheit der beschriebenen Elemente – der tatsächliche Erfolg beim Betrieb liegt jedoch darin, die passende Übung für das Zielpublikum zu wählen und die Teilnehmer zum Beispiel durch Vorübungen behutsam vorzubereiten.

Stehen bei einem Element Faktoren wie Teamfähigkeit, Kommunikation, Selbstüberwindung oder etwa auch Zeitmanagement im Vordergrund, so sollten diese Punkte im Anschluss mit den Teilnehmern reflektiert werden.

N Sicherung für einen Teilnehmer

Der Name N Sicherung ergibt sich aus der optischen Erscheinungsform dieser Sicherungsart.

Die N Sicherung ist relativ leicht zu errichten. Sie bietet Redundanz, die Möglichkeit, dass Teilnehmer andere Teilnehmer sichern und kann sowohl direkt über dem Aktionselement, als auch seitlich (Beko-Sicherung) errichtet werden. Sie kann sowohl für einen als auch mehrere aktive Teilnehmer gestaltet werden. Hier soll zunächst die redundante Sicherung für einen Teilnehmer über dem Element beschrieben werden. Die N Sicherung wird auch als V oder M Sicherung bezeichnet.

Das Ende des Sicherungsseiles wird an einem Punkt in der Höhe befestigt, dann läuft es abwärts zum zu sichernden Teilnehmer – von dort wiederum aufwärts zu einem weiteren Umlenkpunkt und dann abwärts zu den sichernden Personen.

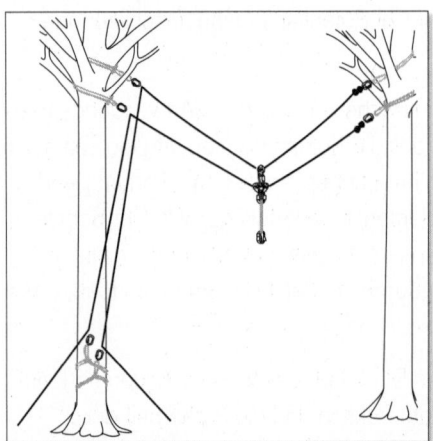

Der aktive Teilnehmer selbst hängt mit zwei parallel geführten Bandschlingen (Cowtails) an einem so genannten Sicherungsdreieck (dazu in der Folge).

Die beiden Sicherungsseile können auf einer Seite parallel zum Boden geführt werden (oberes Bild). Die Sicherungsseile kommen daher nebeneinander zum Boden, ein Trainer kann also leichter eingreifen, wenn die sichernden Teilnehmer nicht schnell genug einziehen oder ablassen.

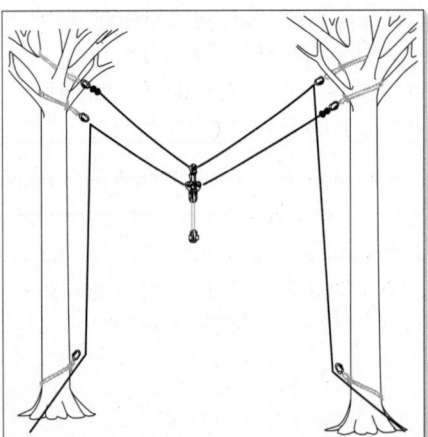

Die symmetrische Bauweise (unteres Bild), also ein Sicherungsseil auf jedem Baum, hat den Vorteil, dass das Sicherungsdreieck gleichzeitig in gegenläufige Richtungen rollt und daher eher dazu tendiert, in der Mitte zu bleiben. Dies ist vor allem dann sinnvoll, wenn eine Übung exakt von oben gesichert werden soll, um dem aktiven Teilnehmer seitliche Zugkräfte zu ersparen. Weiters sind die sichernden Teilnehmer besser verteilt.

Bei dieser Art der Sicherung können ohne weiteres Statikseile verwendet werden. Die Gebrauchslänge der Sicherungsseile ist insgesamt so lang, dass genügend Reibung und Dynamik geboten werden kann – bei dynamischen Seilen dieser Gebrauchslänge stellt die Dehnung eher eine Gefahr dar, da Teilnehmer auch noch in größeren Höhen bei einem Sturz den Boden erreichen können.

Das Sicherungsdreieck

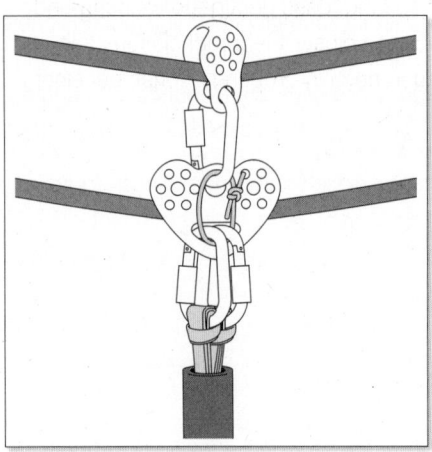

Das Sicherungsdreieck ist ein Paradebeispiel für Redundanz. Zwei Seile, zwei Rollen, zwei Bandschlingen. Die Doppelrolle muss durch ein zusätzliches Verbindungsmittel, auf der nebenstehenden Darstellung eine kurze Reepschnurschlinge, abgesichert werden, um damit durchgehende Redundanz zu erreichen. Die beiden Bandschlingen, die mit dem Sicherungsgurt des Teilnehmers verbunden sind, laufen durch einen Schlauch, damit der Teilnehmer bei unvorhergesehenem Aufschaukeln oder, wenn die Sicherung kurzzeitig schlaff verläuft, nicht mit dem Kopf dazwischenkommen kann. Der Schlauch hat den Vorteil, dass er vor Inbetriebnahme abgenommen werden kann, damit die Qualität der darunter liegenden Bandschlingen überprüft werden kann.

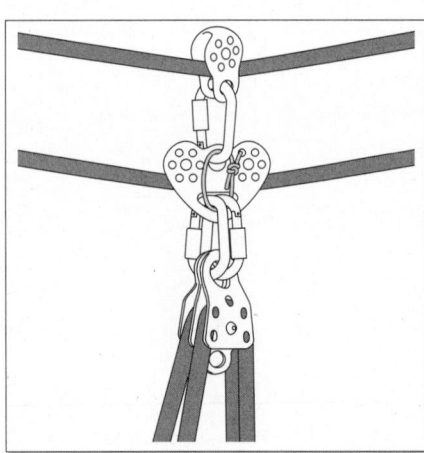

Das Sicherungsdreieck kann, abgesehen von der N Sicherung, auch für eine mitlaufende Toprope Sicherung verwendet werden. Um damit durchgehende Redundanz zu erreichen, können die beiden vertikal verlaufenden Sicherungsseile durch eine nebeneinander liegende Doppelrolle parallel geführt werden, diese lässt sich jedoch kaum redundant absichern. Mitlaufende Topropes können für diverse Seilbrücken oder etwa dem Wolf im Schafspelz (siehe in der Folge) verwendet werden.

Die unten dargestellte nebeneinander liegende Doppelrolle kann nicht sinnvoll rückgesichert werden und ist daher nicht redundant abgesichert. Wenn man so will, kann man sie jedoch als zwei aneinander befestigte Einzelrollen betrachten, was wiederum Redundanz bedeuten würde.

Es gibt zahlreiche Produkte, die bereits eine Redundanz in sich aufweisen, dieser Trend ist auch bei Klettergurten immer mehr spürbar. Das Argument der in sich redundanten Materialien birgt jedoch einerseits die Gefahr in sich, dass eine Versagen einer Sicherungskette oftmals langzeitig nicht erkannt wird (z.B. wenn innerhalb der Sicherungsschlaufe eines Klettergurtes eine zweite verläuft), zum anderen, dass nicht redundante Teile einer Übung eher salopp als „in sich redundant" bezeichnet werden, um sich eine zweite Sicherungskette zu ersparen.

Teilnehmer-sichern-Teilnehmer

Um bei einer Seilübung, bei der lediglich ein oder zwei Teilnehmer aktiv beschäftigt sind, auch die anderen Mitglieder einer Gruppe sinnvoll zu beschäftigen, bietet sich die Methode des Teilnehmer-sichern-Teilnehmer an. Dies kann sowohl für Toprope als auch für die N Sicherung oder die N Beko Sicherung verwendet werden.

Das Sicherungsseil muss kurz vor dem Boden (etwa 120 cm) mittels Baumschlinge und Schraubglied umgeleitet werden. Mindestens zwei Teilnehmer, bei Kindern werden zumindest drei empfohlen, halten das Seil mit Arbeitshandschuhen. Der Abstand zwischen der Umleitung und dem ersten sichernden Teilnehmer sollte zumindest einen Meter betragen, damit der Teilnehmer niemals mit den Fingern in das Schraubglied gelangen kann.

Der untere Umlenkpunkt sollte möglichst nah beim Baum sein. Zwischen den sichernden hintereinander stehenden Teilnehmern darf das Seil niemals schlaff sondern immer leicht gespannt verlaufen. Dies ist ein wesentlicher Punkt bereits bei der Einschulung der Teilnehmer.

Der Trainer sollte, besonders solange sich die zu sichernde Person noch in Bodennähe befindet, selber bei der vor Sicherungsgruppe stehen und gegebenenfalls das Seil einziehen, die Sicherer haben ja bereits die Anweisung, das Seil straff zu führen.

Bei zwei oder mehreren Sicherungsseilen und dementsprechend gleich vielen Sicherungsgruppen empfiehlt es sich, Sicherungsseile in verschiedenen Farben zu verwenden. Der Trainer kann dann leicht erkennen, welches Seil schneller eingezogen werden muss und kann die Gruppe der jeweiligen Farbe darauf hinweisen.

Die Methode des Teilnehmer-sichern-Teilnehmer lässt sich auch ohne weiteres mit Kindern ab einer gewissen Reife anwenden. Die Verantwortung, für die Sicherheit eines Freundes oder Schulkameraden zuständig zu sein, stärkt das Selbstvertrauen des Einzelnen und die Gruppenbildung.

Die aktiven Teilnehmer sollen vor Beginn der Übung ihre Sicherungsgruppe selber checken, also etwa „Sicherung rot bereit?" – „Sicherung rot bereit!".

Auch wenn für die sichernden Teilnehmer, solange sie an der passenden Position stehen, keine Gefahr von oben besteht, wird das Tragen von Helmen dringend angeraten. Der Helm hat nicht nur die Funktion, vor Gefahren von oben zu schützen, er veranschaulicht – gerade bei Kindern – den Ernst und die Tragweite der gesamten Aktion.

Um Kindern zu zeigen, welche Gefahren im Falle eines Absturzes tatsächlich lauern, kann eine Wassermelone zum höchsten Punkt gezogen und von dort auf den harten Boden fallen gelassen werden. Eine Wassermelone hat annähernd dieselbe Bruchfestigkeit wie der menschliche Torso. Um sicher zu gehen, dass der Effekt der platzenden Melone wirklich erzielt wird, darf ohne weiteres ein wenig geschummelt und die Melone im Voraus mit ein paar Messerstichen präpariert werden.

Außerdem zeigt dieses Experiment den Teilnehmern auch, mit welcher Wucht ein Gegenstand am Boden ankommt, egal ob es sich um eine herabfallende Melone, ein Mobiltelefon, ein Taschenmesser oder einen Ast handelt.

Das Vernaschen der geplatzten Melone am Ende der Übung schmeckt den Kindern nicht nur gut, es bietet auch eine hervorragende Möglichkeit, eine Reflexion des Geschehens kindgerecht und locker zu gestalten.

Spannung zwischen Bäumen

Der Elevator

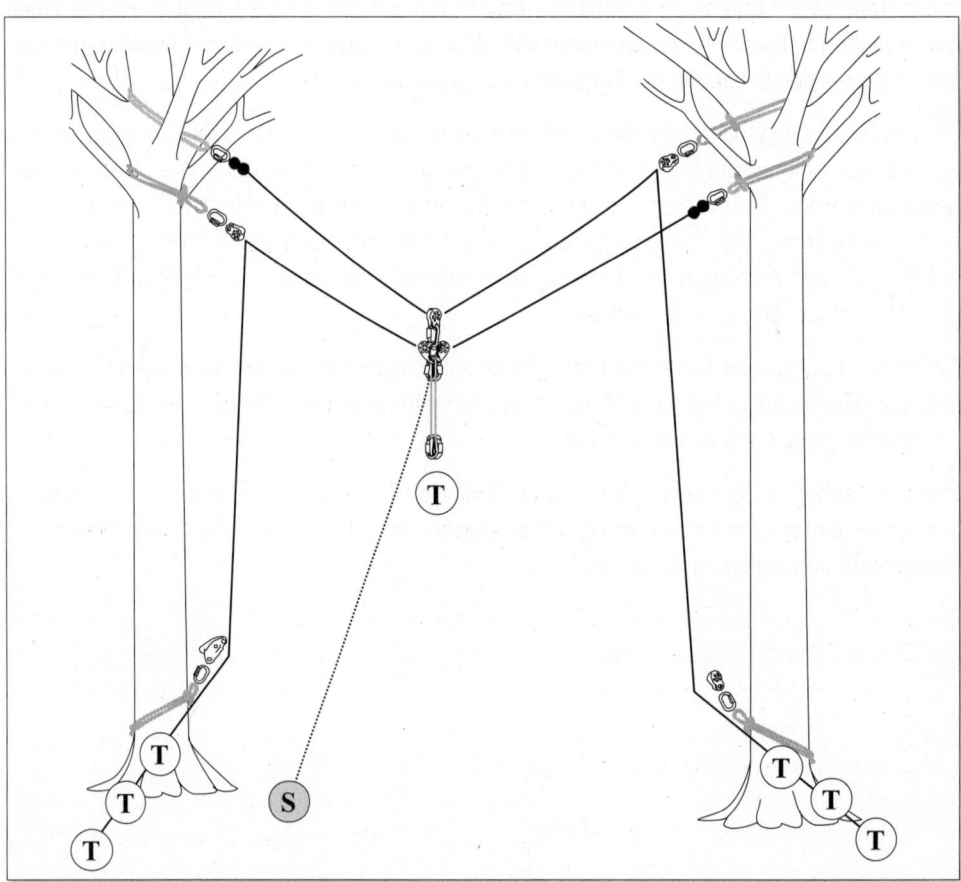

Legende

——	Statikseil	⊖	Rapidglied / Schraubglied
—●●—	Achterknoten	⊂⊃	Karabiner
········	Spielseil Reepschnur	🛞	Einzelrolle
🪢	Baumschlinge Schwerlastschlinge	🛞🛞	Doppelrolle (Rollen hintereinander)
◯	Bandschlinge	(T)	Teilnehmer
🔧	Halbautomatisches selbstblockierendes Abseilgerät	(S)	Trainer Sicherheitsverantwortlicher

Der Elevator bietet die Möglichkeit, Teilnehmer nach eigenem Wunsch und Mut behutsam in die Höhe zu befördern und dort schaukeln zu lassen. Der aktive Teilnehmer selber ist bei dieser Übung lediglich Passagier und soll die Macht erhalten, die passiven Teilnehmer so zu steuern, dass seinen Wünschen nach Höhe oder Intensität des Schaukelns nachgekommen wird.

Sicherung

Der Elevator besteht prinzipiell lediglich aus einer symmetrischen oder asymmetrischen N Sicherung. Da diese Sicherung jedoch nicht nur vor Stürzen retten soll, sondern auch dazu verwendet wird, den aktiven Teilnehmer in die Höhe zu befördern, werden an den Umlenkungspunkten Rollen eingesetzt um den Reibungswiderstand zu verringern. Dieses Element ist der Klassiker für die Methode des Teilnehmer-sichern-Teilnehmer, im Falle einer Trainersicherung durch einen einzelnen Trainer wäre dieser kaum in der Lage, den aktiven Teilnehmer in die Höhe zu ziehen.

Prinzipiell ist es ausreichend, wenn zumindest drei gut eingeschulte erwachsene Teilnehmer mit Arbeitshandschuhen an den Zugseilen ziehen.

Trotzdem empfiehlt es sich, gerade bei Kindergruppen, zumindest an einem Zugseil statt der untersten Umlenkrolle ein selbstblockierendes halbautomatisches Abseilgerät einzubauen. Dieses wir dann ausschließlich vom Trainer bedient und verhindert einen Absturz des aktiven Teilnehmers im Falle eines unwahrscheinlichen kollektiven Auslassens aller passiven Teilnehmer. Gerade bei Kindergruppen ist es sinnvoll, auch den passiven Teilnehmern bereits einen Sicherungsgurt anzuziehen und diese mittels Schmetterlingsknoten und Karabiner an das Zugseil einzuhängen. Damit haben Kinder leichter die Möglichkeit, ihre körperlichen Kräfte auf das Zugseil zu übertragen – aus sicherheitstechnischen Gründen kann damit einem kollektiven Auslassen vorgebeugt werden. Weiters verhindert man, dass Kinder die Gruppe verlassen.

Helm und Gurt geben gerade Kindern das Gefühl, eine wirklich verantwortungsvolle, wichtige Aufgabe zu erfüllen und stärken damit das Selbstwert- und Verantwortungsgefühl.

Ablauf

Der aktive Teilnehmer wird auf dem Boden stehend in das Sicherungsdreieck eingehängt. Zunächst wird er nur ein wenig vom Boden abgehoben und kann leicht geschaukelt werden. Nun bestimmt der Teilnehmer selbst, ob er eher nach oben will oder geschaukelt werden möchte. Der Teilnehmer selber hat keinerlei physische Arbeit zu verrichten, interessant an der Übung ist lediglich, dass die Kommandos des aktiven Teilnehmers voll von den Zuggruppen ausgeführt werden und dieser neben dem Genuss der Höhe und des Schaukelns auch ein Vertrauensgefühl gegenüber der Zuggruppe oder, im Falle einer Schulklasse, den Klassenkameraden, entwickeln kann.

Als zusätzliches spielerisches Element können dem Teilnehmer Gegenstände zugeworfen werden, wie etwa eine Banane oder ein Ball.

Besondere Gefahrenhinweise

Um den Teilnehmer ein Schaukeln zu ermöglichen, wird eine Hilfsschnur am Sicherungsdreieck befestigt. Bei langen Schaukelradien, also wenn der Teilnehmer relativ hochgeschaukelt wird, besteht die Gefahr, dass sich dieser in der Hilfsschnur verfängt. Es ist daher besonders darauf zu achten, dass die Hilfsschnur jederzeit freigemacht werden kann – gleichzeitig muss der Teilnehmer dazu aufgefordert werden, sich vor dieser Gefahr, ganz besonders hinsichtlich Strangulation, zu schützen. Lassen Sie nur besonders verantwortungsbewusste Personen diese Tätigkeit durchführen und machen Sie diese auf das Risiko aufmerksam.

Auch bei dem Cowtail, also den beiden Bandschlingen, die den Teilnehmern mit den Rollen verbindet, besteht Strangulationsgefahr. Lassen Sie daher die Bandschlingen durch ein Schlauchstück laufen. Der Schlauch hat den Vorteil, dass er nach Benutzung wieder abgenommen werden kann und die Bandschlingen vor dem nächsten Gebrauch auf ihre Unversehrtheit überprüft werden können. Eine, wenn auch weit weniger elegante und umstrittenere Methode ist es, die Bandschlingen zusammen zu tapen.

Handbuch für temporäre Seilelemente

Langer Weg zum Himmel

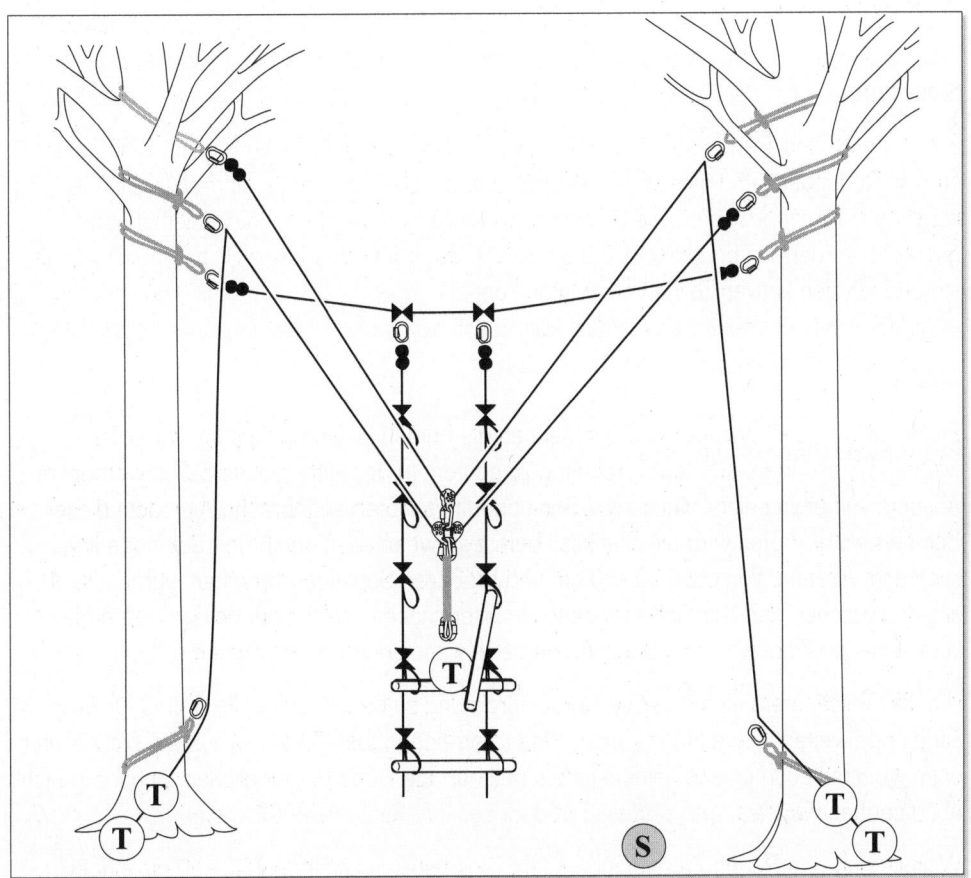

Legende

———	Statikseil
•●	Achterknoten
▶◀	Schmetterlingsknoten
◯	Baumschlinge Schwerlastschlinge
◯	Bandschlinge
⬭	Rapidglied Schraubglied
⬯	Karabiner
◖	Einzelrolle
◖◖	Doppelrolle (Rollen hintereinander)
Ⓣ	Teilnehmer
Ⓢ	Trainer Sicherheitsverantwortlicher

Der lange Weg zum Himmel ist ein herausforderndes Element für einen aktiven Teilnehmer.

Sicherung

Zum Sichern des Teilnehmers bietet sich eine symmetrische N Sicherung an. Diese bietet sowohl Redundanz und weiters die Möglichkeit, passive Teilnehmer sinnvoll in das Geschehen mit einzubeziehen. Die Sicherung sollte direkt über dem Aktionselement angebracht werden, da bei dieser Übung seitliche Zugkräfte durch das Sicherungsseil sehr störend auf den aktiven Teilnehmer wirken können.

Aufbau

Zunächst wird ein horizontales Seil zwischen die beiden Bäume gespannt. Dabei ist wiederum besonders auf den Durchhang zu achten. In der Mitte dieses Seiles werden im Abstand von etwa einem Meter zwei Schmetterlingsknoten angebracht. An jedem dieser Schmetterlingsknoten wird ein Statikseil befestigt, welches ebenfalls mit Schmetterlingsknoten im Abstand von etwa 70–80 cm und größeren Schlaufen versehen wurde. Die Abstände zwischen den Schmetterlingsknoten untereinander sollten auf beiden Seilen gleich lang sein – es empfiehlt sich, diese Arbeit bereits am Boden vorzubereiten.

Um den Teilnehmern eine gewisse Herausforderung zu bieten, sollte die Übung für Erwachsene ohne weiteres eine Höhe von 10 Metern erreichen, bei Kindern werden 6 bis 7 Meter ohne weiteres ausreichend sein. In jedem Fall darf die Höhe der möglichen Sicherung nicht überschritten werden.

Weiters sind drei Rundhölzer vorzubereiten. Diese sollten zumindest 40–50 cm länger als der Abstand zwischen den beiden herabhängenden Seilen sein. Weiters ist darauf zu achten, dass die Hölzer von scharfen Astlöchern und sonstigen Ecken und Kanten befreit wurden.

Ablauf

Dem Teilnehmer stehen drei Rundhölzer zur Verfügung. Diese werden in die Schmetterlingsschlaufen der herabhängenden Seile eingehängt. Der Teilnehmer muss sich nun seine Leiter selber bauen und immer wieder die Hölzer von unten holen und in die nächsten Schlaufen einhängen. Fällt eines der drei Hölzer zu Boden, so kann der Teilnehmer die Übung unter erschwerten Bedingungen immer noch mit den übrigen zwei Hölzern fortsetzen. Verliert der Teilnehmer ein weiteres Holz, so kann entweder das Holz nachgereicht werden – oder die Übung muss abgebrochen werden.

Als zusätzliches spielerisches Element kann am höchsten erreichbaren Punkt ein mit Wasser gefüllter Wasserball und eine an einer Schnur befestigte Nadel befestigt werden. Ein Teilnehmer, der das Ziel erreicht, darf zur Belohnung ein Loch in den Wasserball pieksen. Für die folgenden Teilnehmer beginnt nun ein Nieselregen, der nach jedem Teilnehmer stärker wird. Mutige Teilnehmer, die die Übung als erste wagen, werden durch Trockenheit belohnt, die anderen müssen sich durch den Regen kämpfen. Diese Variante ist auch für zahlreiche andere Übungen geeignet, bei denen Teilnehmer motiviert werden sollen, ein Ziel in der Höhe zu erreichen.

Besondere Gefahrenhinweise

Im Gegensatz zu den meisten anderen in diesem Buch erwähnten Übungen kommt es beim Langen Weg in den Himmel oftmals zu völlig unerwarteten Abstürzen des Teilnehmers, das heißt, die Sicherer müssen stets, ganz besonders auch bereits bei geringen Höhen, darauf vorbereitet sein.

Mit dem abstürzenden Teilnehmer fallen in der Regel auch die Rundlinge zu Boden. Es sollte daher von überdimensional großen Hölzern Abstand genommen werden und auf möglichst leichtes Material zurückgegriffen werden. Die Helmpflicht ist in der der temporären Seilarbeit obligat, sei hier aber nochmals explizit betont.

Beko N Sicherung für zwei oder mehr Teilnehmer

Die bereits besprochene N Sicherung kann auch als Beko Sicherung verwendet werden. Beko bedeutet, dass der Teilenehmer oder die Teilnehmer im Falle eines Sturzes aus der Übung herausgezogen werden.

Je nach Art der Übung, kann es sinnvoll sein, dass die Sicherung direkt über dem Teilnehmer liegt, um seitliche Zugkräfte zu verhindern. So würde etwa eine seitliche Sicherung einen Kistenkletterer schon nach wenigen Kisten aus dem Gleichgewicht bringen.

Bei zahlreichen anderen Übungen ist es jedoch aus sicherheitstechnischen Gründen unumgänglich, den Teilnehmer im Falle eines Sturzes schnellstmöglich vom Aktionselement zu entfernen, um die Verletzungsgefahr durch Kontakt zum Aktionselement zu reduzieren.

Diese Art der Sicherung hat zusätzlich den Vorteil, dass durch mehrere Umlenkungen viel Reibung im Sicherungsseil entsteht, bei genauer Betrachtung entdeckt man sogar das System des Flaschenzuges innerhalb der Übung – der Teilnehmer befindet sich auf einer bewegten Rolle, dadurch benötigen die Sicherer nur noch halb soviel Kraft, um einen Teilnehmer abzufangen. Daher eignet sich diese Art der Sicherung besonders gut für die Methode des Teilnehmer-sichern-Teilnehmer. Selbst im schlimmsten Fall eines kollektiven Auslassens der Sicherungsseiles aller passiven Teilnehmer gewährleistet diese Art der Sicherung noch immer sehr viel Reibung durch Umlenkungen und damit noch immer einen – zugegebenermaßen gefährlichen – aber immerhin gebremsten Fall. Aus eben diesem Grund ist es bei dieser Art der Sicherung nicht nötig und auch nicht sinnvoll, ein Dynamikseil zu verwenden. Durch die Länge des Seiles und durch die zahlreichen Umlenkpunkte wird genügend Seildehnung und Reibung erzielt. Der Gebrauch eines Dynamikseiles birgt hier eher die Gefahr einer überproportionierten Dynamik und damit eines Aufschlagens auf dem Boden, falls ein Teilnehmer bereits aus geringer Höhe stürzt.

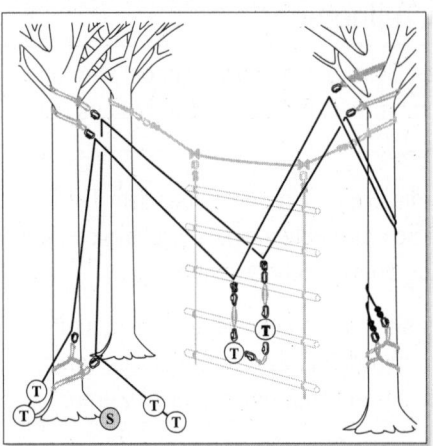

Die beiden Sicherungsseile werden zunächst auf einem der beiden Bäume, die auch für das Aktionselement vorgesehen sind, mit Baumschlingen befestigt. Das Sicherungsseil läuft dann hinunter zu dem Teilnehmer, der an einer Rolle mit Bandschlinge gesichert ist. Danach läuft das Sicherungsseil wieder zu einem Umlenkpunkt außerhalb der Übung, der sich oberhalb des aktiven Teilnehmers befindet.

Von dort verläuft es zu einem Umlenkpunkt, der sich in Handhöhe der passiven, sichernden Teilnehmer befindet. Egal ob ein, zwei oder drei Teilnehmer gesichert werden, an diesem Punkt befinden sich alle Sicherungsseile in unmittelbarer Nähe. Dadurch sollte auch während des Ablaufs der Übung genau an diesem Punkt immer ein Trainer stehen, der im Falle eines Sicherungsfehlers der Teilnehmer, insbesondere durch zu langsames Einziehen des Sicherungsseiles, eingreifen kann. Weiters ist es sinnvoll, Sicherungsseile in drei deutlich verschiedenen Farben zu wählen. Falls nun ein Sicherungsteam säumig ist, erkennt der Trainer an jedem Punkt der Übung, welches Seil einzuziehen oder auch abzulassen ist und kann entsprechend der Farbe des Seiles intervenieren: „Team rot Seil straffer halten!"

Die Teilnehmer selbst sind jeweils nur durch ein Seil gesichert. Um Redundanz zu erzielen, werden sie noch zusätzlich untereinander durch Bandschlingen, so genannte Cowtails gesichert. Mit diesem System lassen sich dadurch nicht nur zwei, sondern theoretisch unbegrenzt viele Teilnehmer gleichzeitig sichern.

Die Verbindung der Teilnehmer mittels Cowtails gewährleistet nicht nur redundante Sicherheit, sie verpflichtet die Teilnehmer auch Rücksicht zu nehmen. Gerade bei einer Riesenleiter, die von Grund auf so konzipiert sein sollte, dass sie nur bewältigt werden kann, wenn die Teilnehmer einander helfen und sich nicht zu weit von einander entfernen, hat dieses Sicherungssystem Sinn.

Die Riesenleiter

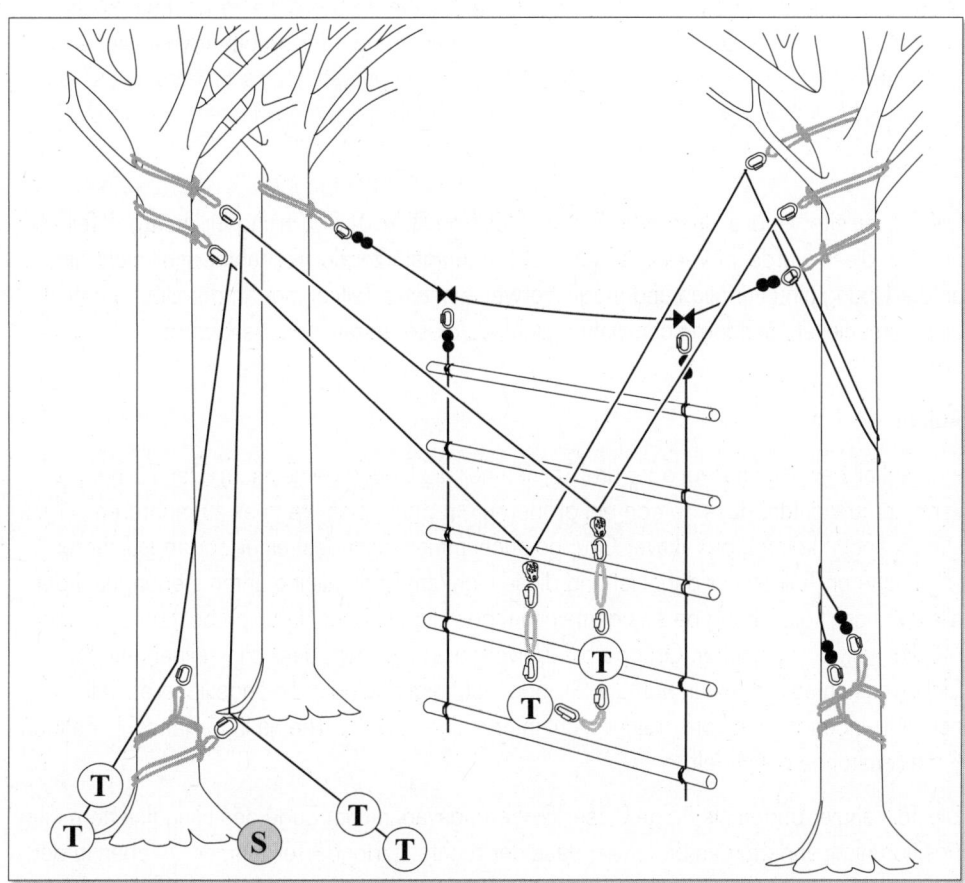

Legende

———	Statikseil
—●●	Achterknoten
········	Spielseil / Reepschnur
(Schlinge)	Baumschlinge / Schwerlastschlinge
(Ring)	Bandschlinge
⬭	Rapidglied / Schraubglied
⬯	Karabiner
🛞	Einzelrolle
Ⓣ	Teilnehmer
Ⓢ	Trainer / Sicherheitsverantwortlicher

Die Riesenleiter wird von zwei oder drei Teilnehmern bewältigt. Sie soll so gestaltet sein, dass ein einzelner Teilnehmer nicht empor klettern kann, sondern die Teilnehmer einander unterstützen müssen. Dadurch eignet sie sich besonders gut für gruppendynamische Seminare.

Sicherung

Die Riesenleiter ist das klassische Element für eine Beko N Sicherung für mehrere Teilnehmer, diese wurde im Voraus beschrieben. Ein abstürzender Teilnehmer soll nicht direkt an der Übung hinunterfallen und möglicherweise andere Teilnehmer an der Übung entlang hinunterschleifen, sondern schnellstmöglich aus dieser herausgezogen werden.

Ablauf

Im Idealfall bewältigen zwei oder drei Teilnehmer die Übung gemeinsam. Der Trainer kann darauf achten, dass gerade bei größeren Gruppen, also wenn es zu mehreren Durchgängen kommt, pro aktiver Gruppe auch immer zumindest einer der ängstlicheren, zögerlicheren Teilnehmer dabei ist und diese nicht am Ende alleine unten stehen, nachdem alle „Mutigen" die Übung bereits gemeinsam bewältigt haben. Natürlich besteht auch die Möglichkeit, der gesamten Gruppe die Zielvorgabe zu geben, dass alle Teilnehmer das Ziel erreichen sollen. Wenn nun die Gruppe nicht eigenständig die ängstlicheren Teilnehmer einbettet, wird vom Trainer nicht interveniert und das Thema in der anschließenden Reflexionsrunde behandelt.

Die Teilnehmer dürfen als Folge dieser Sicherungsvariante im Zuge des Hinaufkletterns ihre Position nicht ändern, das bedeutet, dass der rechts startende Teilnehmer bis oben in der rechten Position bleibt und so weiter.

Im Zuge der Übung helfen die aktiven Teilnehmer einander, die Leitersprossen zu bewältigen. Die seitlichen vertikalen Seile sollten bei dieser Übung nicht verwendet werden. Durch die sich wiederholenden Vorgänge und die Konzentration und Rücksichtnahme auf die jeweils anderen Teilnehmer kommt es im besten Fall dazu, dass ängstliche Teilnehmer nicht mehr realisieren, in welchen Höhe sie sich tatsächlich befinden und überwinden so durch positive Ablenkung, Gruppendynamik oder durch Konzentration auf zu diesem Zeitpunkt wichtigeren Themen ihre Ängste. Genau dieser Punkt kann vom Trainer aufgegriffen werden, sobald die Teilnehmergruppe das Ziel in der Höhe erreicht hat ... „Waren Sie jemals in einer solchen Höhe" oder „Sie befinden sich gerade auf der Höhe eines dreistöckigen Hauses".

Der höchste erreichbare Punkt dieser Übung ist dann erreicht, wenn sich alle aktiven Teilnehmer mit den Füßen auf der vorletzten Leitersprosse befinden. Nachdem sich die Teilnehmer erholt, die Selbstüberwindung, die Höhe und gegebenenfalls die Aussicht genossen haben, werden sie vom Trainer dazu aufgefordert, sich untereinander mit den Ellenbogen einzuhängen und auf Kommando (eins-zwei-drei) nach hinten in die Sicherung fallen zu lassen.

Dieser Vorgang muss bereits im Vorfeld mit allen aktiven und passiven Teilnehmern besprochen werden, außerdem ist der Trainer dafür verantwortlich, dass die sichernden Teilnehmer alle Sicherungsseile möglichst straff eingezogen haben.

Aufbau

Die Riesenleiter selbst sollte etwa acht bis zehn Meter hoch sein. Damit der höchstmögliche Sicherungspunkt nicht überschritten werden kann und auch noch genügend Durchhang gewährleistet ist, sollten die Anschlagpunkte dafür auf zumindest zwölf Metern liegen. Je nachdem ob zwei oder drei Teilnehmer beteiligt sein werden, müssen entsprechend viele N Sicherungen installiert werden. An einem dritten Baum werden die N Sicherungen nach unten umgeleitet. Im Sinne der redundanten Sicherheit muss für jede dieser Umleitungen eine eigene Baumschlinge verwendet werden, dasselbe gilt bei den Umleitungen am Boden.

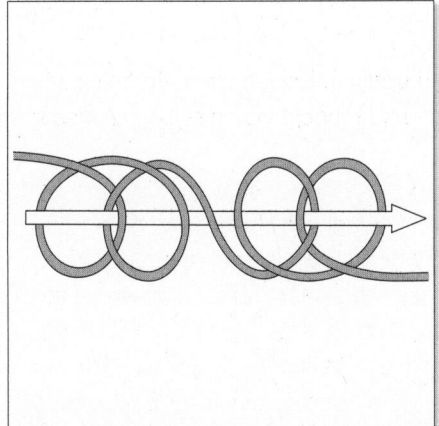

Die Rundlinge selbst können durchgebohrt und pro Seite mit je zwei U-Bolts gehalten werden.

Steht kein Bohrer zur Verfügung oder will man nur mit Seil und Holz arbeiten, so können die Rundlinge mit zwei gegengleich verlegten Mastwürfen befestigt werden (siehe nebenstehende Darstellung). Es empfiehlt sich, dies bereits am Boden vorzubereiten.

Spannung zwischen Bäumen

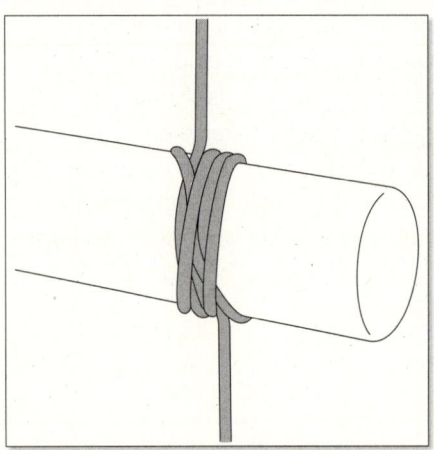

Die Abstände zwischen den Leitersprossen können je nach Teilnehmerfähigkeiten zwischen einem und eineinhalb Meter betragen. Es ist auch sinnvoll, die Abstände der Sprossen nach oben hin zu vergrößern und so den Schwierigkeitsgrad nach oben hin zu steigern.

Besondere Gefahrenhinweise

Achten Sie darauf, dass die Sicherer besonders am Anfang der Übung, also wenn die aktiven Teilnehmer noch in Bodennähe sind, die Sicherungsseile relativ straff führen – da es sonst im Falle eines Absturzes zu einer unsanften Bodenberührung (Grounding) kommen kann.

Die Teilnehmer sollen sich nicht gegenseitig an den Handgelenken hinaufziehen, sondern sich sprichwörtlich unter die Arme greifen.

Die Übung ist für Personen mit Schulterproblemen (Luxation), Knie- oder Hüftproblemen ungeeignet. Auch Personen mit Problemen im Brust- und Rippenbereich sollten an dieser Übung nicht teilnehmen.

Der Kastenbund

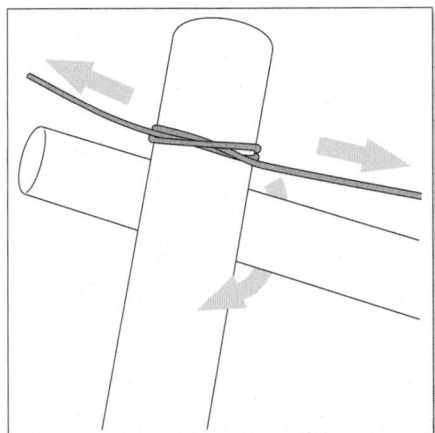

Der Kastenbund wird verwendet, um Rundhölzer wie Äste, Rundlinge oder Baumstämme mit einer Reepschnur zu verbinden.

Zunächst wird ein Mastwurf um eines der Rundhölzer gelegt. Auf einer Seite des Mastwurfs sollte die Reepschnur noch mindestens 20 cm herausragen.

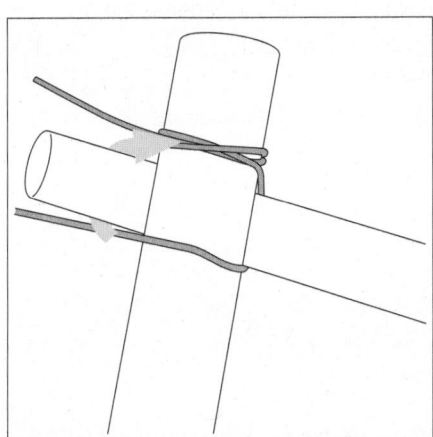

Die Reepschnur sollte auf jeden Fall geradlinig aus dem Mastwurf flüchten und wird dann um die Rundlinge gewickelt.

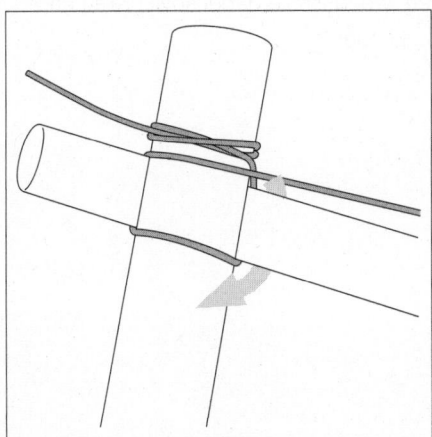

Beim Wickeln selbst sollte der Mastwurf nicht verdeckt werden und die Reepschnur sollte sauber und parallel geführt werden.

Je fester Sie die Wickelung setzen, umso stabiler wird die spätere fertige Verbindung.

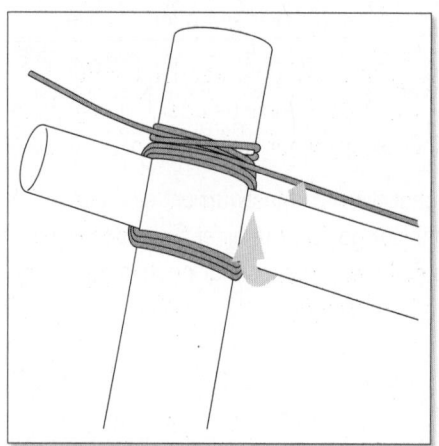

Nach drei bis vier Wickelungen wird mit dem so genannten Würgen begonnen.

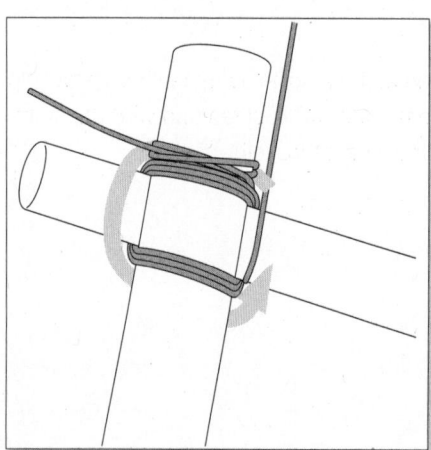

Dabei wird die Reepschnur zwischen die beiden Rundlinge geführt, sodass sie nun die Wickelung straff zieht.

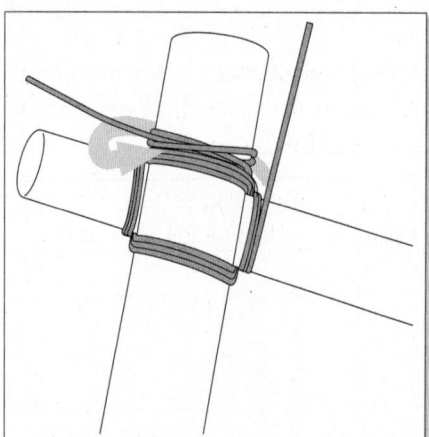

Das Würgen sollte auch drei bis vier Mal erfolgen, wenden Sie dabei soviel Kraft an wie Sie können.

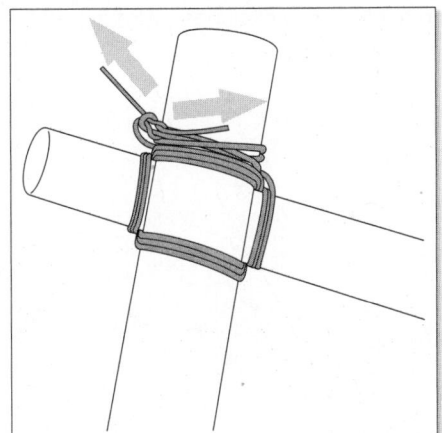

Zuletzt werden die beiden Enden der Reepschnur, also auch das Ende, welches aus dem Mastwurf herausragt, mit einem Kreuzknoten verbunden. Achten Sie darauf, dass der Mastwurf fluchten kann, das heißt, dass er nicht in einer Umkehrung endet.

Spannung zwischen Bäumen

Das vertikale Labyrinth

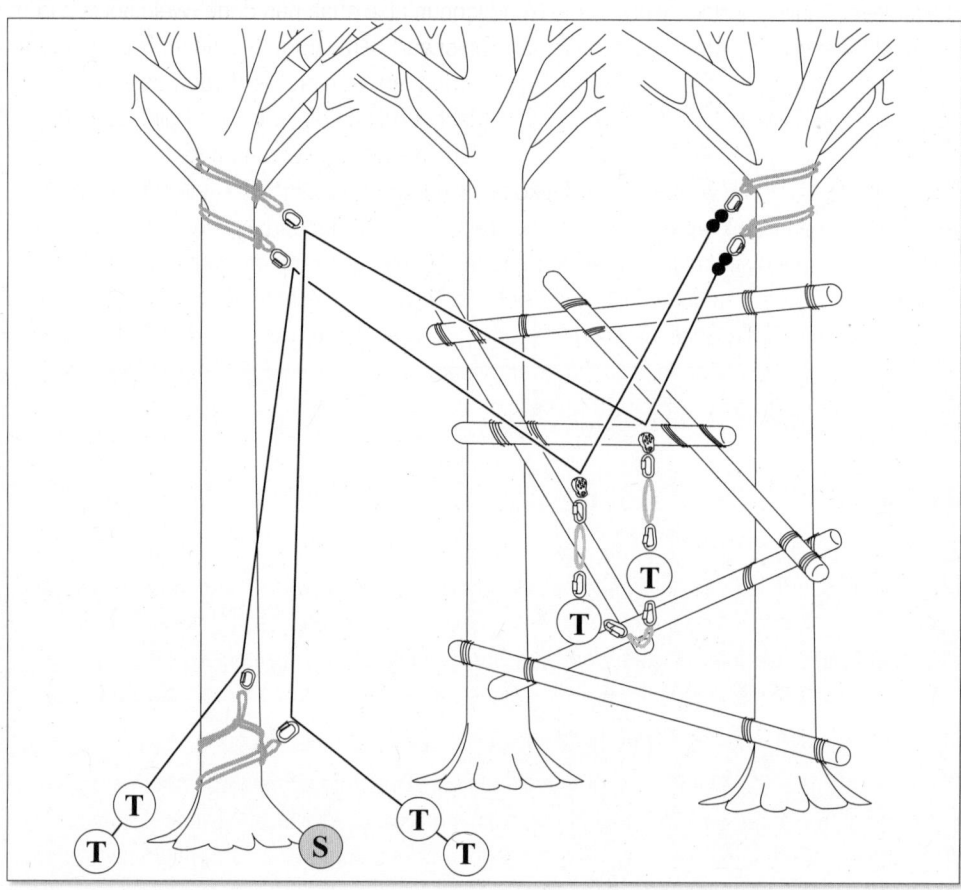

Legende

———	Statikseil	⬭	Rapidglied Schraubglied
—●●—	Achterknoten	⬭	Karabiner
········	Spielseil Reepschnur	🛞	Einzelrolle
〰️	Baumschlinge Schwerlastschlinge	Ⓣ	Teilnehmer
◯	Bandschlinge	Ⓢ	Trainer Sicherheitsverantwortlicher

106

Das vertikale Labyrinth ist eine Teamübung für zwei oder drei aktive Teilnehmer. Es ist der Riesenleiter ähnlich, jedoch werden die Rundlinge mit den Bäumen direkt verbunden und sind nicht waagrecht, sondern chaotisch angeordnet.

Sicherung

Das vertikale Labyrinth wird mit einer Beko N Sicherung gesichert. Die Teilnehmer sind jeweils durch ein Statikseil von seitlich oben gesichert. Als Redundanz werden sie zusätzlich durch einen Cowtail miteinander verbunden. Als Cowtail kann etwa eine Bandschlinge dienen, wobei darauf zu achten ist, dass sich die Teilnehmer nicht in der Schlinge verfangen können. Dazu wird die Schlinge entweder getaped oder durch einen weichen Schlauch geführt. Zum Sichern können Teilnehmer eingesetzt werden, zumindest jeweils zwei, bei Kindern zumindest drei pro Sicherungsseil.

Aufbau

Zunächst wird die N Sicherung für zwei oder drei Teilnehmer vorbereitet. Daran gesichert können die Rundlinge von unten nach oben montiert werden. Dazu eignet sich der gerade beschriebene Kastenbund am besten. Die Übung wird dadurch besonders reizvoll, dass sie für einen Teilnehmer alleine kaum durchführbar ist – erst durch Zusammenarbeit im Team kann man den Aufstieg bewältigen. Daher hat es auch Sinn, nach oben hin die Abstände zwischen den Rundlingen und deren Neigung zu erhöhen.

Am oberen Ende des Aktionselements sollten zwei Rundlinge annähernd waagrecht in einem Abstand von etwa 120 – 140 cm übereinander montiert werden. Diese dienen als Ankunftsplatz und damit die Teilnehmer sich oben angekommen kurz ausrasten und auf das Ablassen vorbereiten können.

Falls Sie Rundlinge direkt aus dem Wald verwenden, achten Sie besonders darauf, dass keine abstehenden Äste oder sonstige Ecken und Kanten die Teilnehmer verletzen können, ganz besonders wenn sie nach oben, also gegen die Fallrichtung gerichtet sind.

Ablauf

Nachdem Helm und Gurt im Vier-Augen-Prinzip überprüft wurden, werden die Teilnehmer in die Sicherung eingehängt. Auch hier soll jeder Karabiner von zwei Personen gecheckt werden. Nun fragen die Teilnehmer eigenständig, ob die für sie zuständige Sicherungsgruppe bereit ist.

Die Teilnehmer beginnen nun, den Aufbau zu erklimmen. Sie dürfen dabei ihre jeweilige Position nicht ändern, also wer rechts beginnt, bleibt während des gesamten Ablaufs auf der rechten Seite und so weiter.

Oben angekommen – und nach einer kurzen Verschnaufpause – sollen sich die Teilnehmer mit den Ellenbogen ineinander verhaken. Gleichzeitig ziehen die Sicherungsgruppen die Sicherungsseile relativ straff. Dann zählen die Teilnehmer oben gemeinsam bis drei und lassen sich nach hinten in die Sicherung fallen. Nun werden sie gleichmäßig und langsam abgelassen.

Besprechen Sie als Trainer alle diese Vorgänge bereits am Boden mit den Teilnehmern.

Besondere Gefahrenhinweise

Konstruieren Sie die Anlage so, dass sich die Teilnehmer nicht in eng zulaufenden Spalten zwischen den Rundlingen einklemmen können und achten Sie darauf, dass bei den Kastenbünden keine Schlingen wegstehen, in denen sich die Teilnehmer verfangen können.

Stationäre Toprope mit Canopee über Element

Diese Art der Sicherung wird dann verwendet, wenn ein Teilnehmer im Zuge der Übung lediglich vertikal klettert und seitliche Zugkräfte unerwünscht sind. Ein typisches Beispiel für eine solche Übung wäre etwa das Kistenklettern, bei dem üblicherweise ein seitlicher Zug durch die Sicherung ein sofortiges Scheitern des Teilnehmers zur Folge hat.

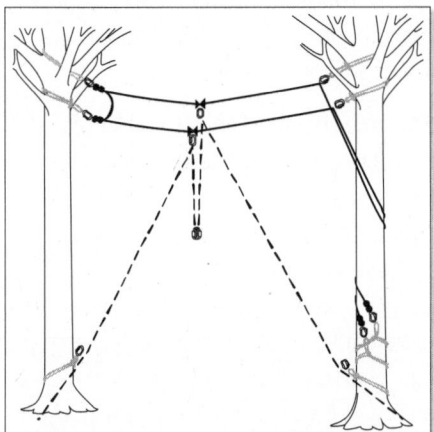

Bei der stationären Toprope über dem Element werden zwei Statikseile horizontal zwischen zwei Bäumen verspannt, diese Verspannung wird Canopee genannt. An einer Seite des Canopees können die Seile durch Schraubglieder umgeleitet und nach unten geführt werden. Dadurch lassen sich der Durchhang und die Positionierung der Schmetterlingsknoten von unten justieren.

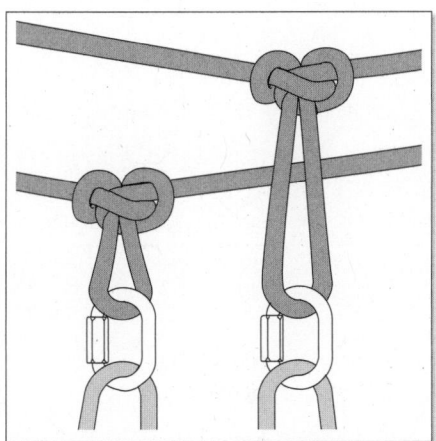

Genau oberhalb des Aktionselements, beim Kistenklettern wäre dies etwa der geplante Kistenturm, werden in beide Seile Schmetterlingsknoten gelegt. Mittels Rapidglieder werden jeweils die Sicherungsseile verlegt. Bei Übungen, bei dem der Teilnehmer am straffen Seil klettert, also kein tatsächlicher Fall auftritt, kann auch bei dieser Sicherungsmethode ein Halbstatikseil verwendet werden.

Der zu sichernde Teilnehmer wird in die beiden Sicherungsseile mittels Achterknoten entweder direkt eingebunden oder mit zwei gegengleich verlaufenden Karabinern eingehängt.

Wenn Teilnehmer die Sicherung übernehmen, werden die Sicherungsseile unten am Baum nochmals durch ein Rapidglied umgeleitet. Dahinter sichern dann jeweils zumindest zwei aktive Teilnehmer, wie im Kapitel Teilnehmer-sichern-Teilnehmer bereits beschrieben.

Das Kistenklettern

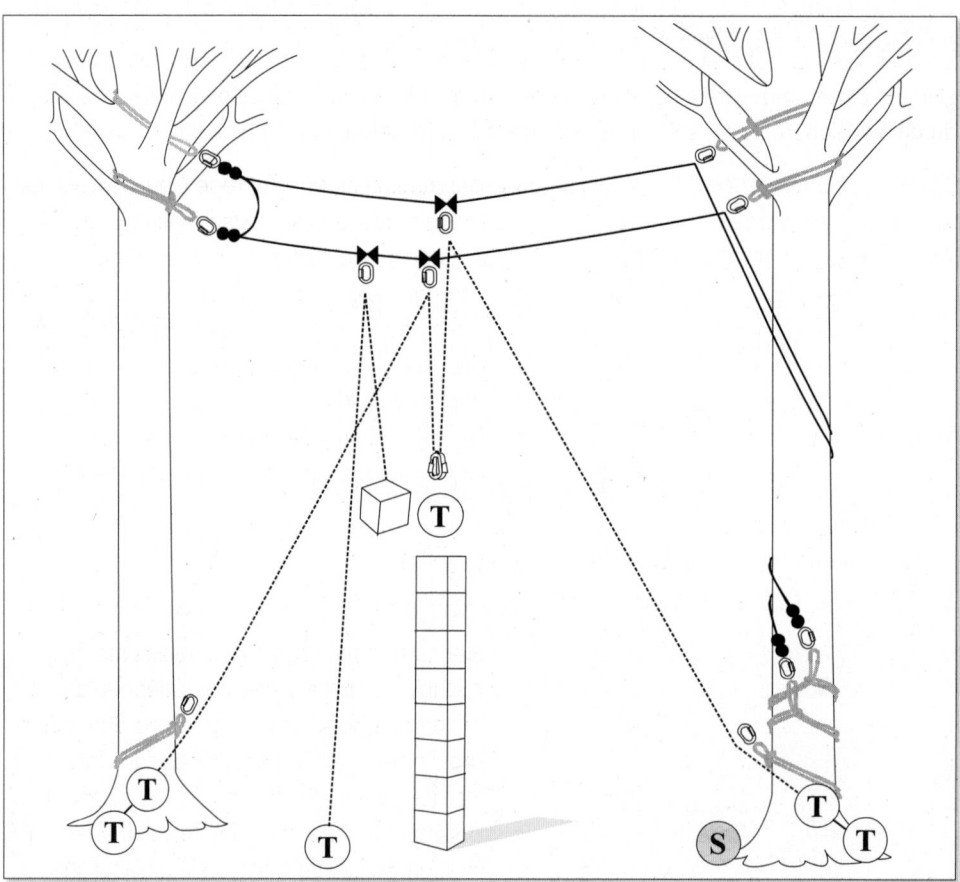

Legende

———	Statikseil	⬭	Rapidglied Schraubglied
—●●	Achterknoten	⬬	Karabiner
▶◀	Schmetterlingsknoten	～	Baumschlinge Schwerlastschlinge
- - - -	Dynamikseil (hier kann auch ein Statikseil verwendet werden)	Ⓣ	Teilnehmer
········	Spielseil Reepschnur	Ⓢ	Trainer Sicherheitsverantwortlicher

Beim Kistenklettern wird eine Seilsicherung benötigt, die direkt oberhalb des Teilnehmers liegt. Das bedeutet, dass der Teilnehmer im Falle eines Sturzes vertikal fällt. Dazu eignet sich die soeben beschrieben stationäre Toprope Sicherung.

Sicherung

Das Kistenklettern erfordert viel Gleichgewichtsgefühl. Daher muss diese Übung direkt von oben gesichert werden. Dazu wird eine redundante stationäre Toprope Sicherung, wie im Vorfeld beschrieben, direkt oberhalb des Kistenstapels umgeleitet.

Bei Kistenklettern kann es vorkommen, dass ein Teilnehmer bereits in relativ geringer Höhe stürzt, daher sind besonders am Anfang die Sicherungsseile noch relativ straff zu führen.

Aufbau

Je nach Geschick der Teilnehmer kann es sein, dass Teilnehmer zwanzig oder auch mehr Kisten bewältigen. Das Canopee muss daher so hoch liegen, dass die Teilnehmer es niemals erreichen können, bei erwachsenen Teilnehmern können das ohne weiteres 15 Meter sein, bei Kindern, werden in der Regel 12 Meter ausreichen.

Wir das Kistenklettern auf einem unebenen Boden durchgeführt, so kann eine Waschbetonplatte eingegraben und mit einer Wasserwaage positioniert werden. Stellen Sie den Teilnehmern nur so viele Kisten zur Verfügung, dass das Sicherungsseil niemals erreicht werden kann.

Ablauf

Beim Kistenklettern baut sich der Teilnehmer sein Aktionselement selber auf. Er stapelt eine Getränkekiste auf der anderen und klettert währenddessen daran empor. Die ersten fünf bis sechs Kisten können noch von unten gereicht werden. Ab dann wird das Hilfsseil verwendet. Werfen Sie die Kisten dem Teilnehmer niemals zu und verwenden Sie keinesfalls eine Stange, da es dadurch zu Aufspießungen kommen kann. Nach jeder Kiste muss der Teilnehmer zumindest kurzzeitig beide Hände frei in der Luft halten, damit ist dann diese Stufe geschafft.

Das Spiel endet mit dem gesicherten Absturz des Teilnehmers oder wenn die maximale Kistenanzahl erreicht ist.

Besondere Gefahrenhinweise

Das Kistenklettern endet immer mit einem Sturz oder Ablassen des Teilnehmers, in jedem Fall wird der Kistenturm zusammenbrechen. Sichern Sie daher die Anlage weitläufig ab, da der Turm in der Regel seitlich und jedes Mal in eine andere Richtung zusammenbrechen kann und die Kisten am Boden weiterrollen können. Der Radius der Absicherung sollte daher in etwa so groß wie der maximal zu erwartende Kistenturm sein.

Der interne Flaschenzug

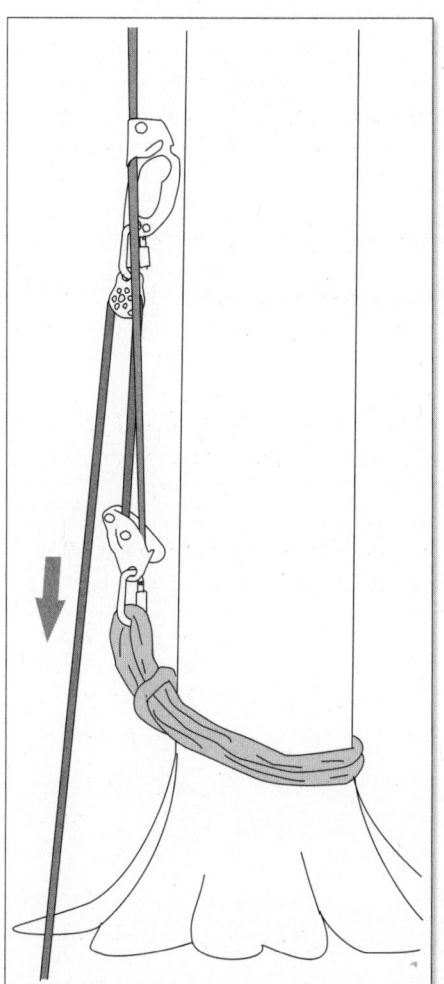 

In der temporären Seilarbeit wird ein Flaschenzug als intern bezeichnet, wenn er nicht nur zum Aufbau der Übung verwendet wird, sondern als Bestandteil des Elements erhalten bleibt. Dies ist etwa dann nützlich, wenn aktive Teilnehmer von passiven Teilnehmern nach oben befördert werden. Dies kann zum Beispiel dann nötig sein, wenn ein Elevator mit wenigen Teilnehmern durchgeführt werden soll, oder etwa bei der Feuerleiter.

Die beiden Darstellungen zeigen interne Flaschenzüge in verschiedenen Ausprägungsformen, die beliebig variiert werden können. Das selbstblockierende halbautomatische Abseilgerät in der linken Darstellung etwa gewährleistet, dass der Flaschenzug nur in eine Richtung bedient werden kann und in die Gegenrichtung sperrt. Weiters wird in der rechten Darstellung eine Steigklemme verwendet, um die Rolle anzubringen. Das hat, im Gegensatz zum Schmetterlingsknoten in der linken Darstellung den Vorteil, dass die Länge des Flaschenzuges angepasst werden kann.

Auch der bereits im Vorfeld beschriebene Mercedesknoten eignet sich hier bestens.

Weiters wird in der rechten Darstellung unten eine Doppelrolle angewendet, damit kann ermöglicht werden, dass die am Seil wirksame Kraft, also etwa ziehende Teilnehmer seitlich hintereinander stehen können.

Auch der interne Flaschenzug kann einfach oder mehrfach gebaut werden, aber auch hier gilt, dass ab dem doppelten Flaschenzug mit synthetischen Seilen die Reibungsverluste größer als die gewonnene Kraftersparnis werden.

Bei Übungen, bei denen Teilnehmer durch einen Flaschenzug in die Höhe gezogen werden, muss mit einer erhöhten Krafteinwirkung besonders auf die Umlenkung oberhalb des Flaschenzuges gerechnet werden.

Der Elevator mit internem Flaschenzug

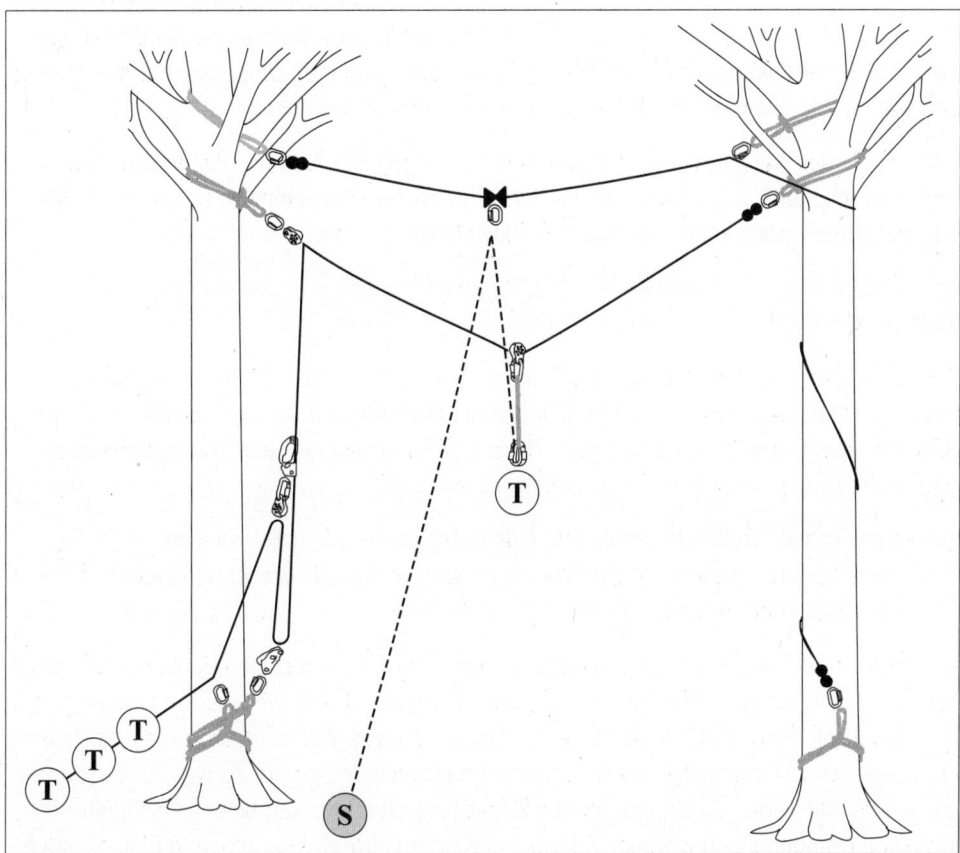

Legende

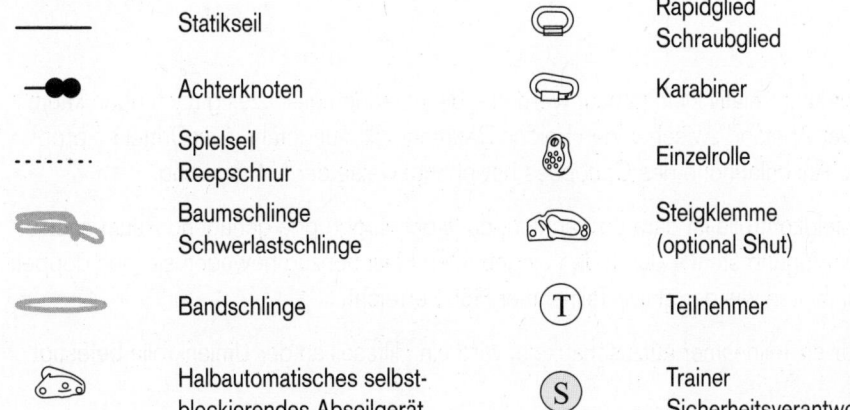

——— Statikseil	⬭ Rapidglied / Schraubglied
•● Achterknoten	Karabiner
······ Spielseil / Reepschnur	Einzelrolle
Baumschlinge / Schwerlastschlinge	Steigklemme (optional Shut)
Bandschlinge	T Teilnehmer
Halbautomatisches selbstblockierendes Abseilgerät	S Trainer / Sicherheitsverantwortlicher

Der Elevator mit internem Flaschenzug hat die gleiche Funktion wie der herkömmliche bereits beschriebene Elevator – und zwar ein behutsames Führen in immer größere Höhen mit der zusätzlichen Option einer Schaukelbewegung. Gerade für Teilnehmer, die Schwierigkeiten mit Höhen haben, ist dieses Element besonders geeignet. Dieser kann den Sicherern die gewünschte Höhe und auch die Intensität des Schaukelns ansagen.

Diese Form des Aufbaus hat gegenüber dem herkömmlichen Elevator den Vorteil, dass weniger Personen nötig sind, um den aktiven Teilnehmer in die Höhe zu befördern. Möglich wird dies durch einen intern eingebauten Flaschenzug.

Sicherung

Wie beim herkömmlichen Elevator wird einerseits eine einfache N Sicherung mit eingebauten Umlenkrollen verwendet. Der Teilnehmer selbst hängt an einer Einzelrolle mit einer Bandschlinge. Diese muss so lang sein, dass der Teilnehmer die Rolle niemals erreichen kann.

In diesem Fall wird Redundanz geboten, indem der Trainer zusätzlich einfach Toprope sichert. Bei diesem Element kommen daher die bereits vorher behandelten Themen N Sicherung, Toprope Sicherung und der interne Flaschenzug zu Einsatz.

Die passiven Teilnehmer der Zuggruppe müssen sich immer am selben Punkt des Zugseiles befinden, damit ist gewährleistet, dass sie beim Ablassen des aktiven Teilnehmers nicht mit den Händen in die erste Umlenkrolle gelangen können was Verletzungen und ein Auslassen des Zugseiles zu Folge haben kann. Um eine Positionsänderung am Zugseil zu verhindern, können die Mitglieder der Zuggruppe am Zugseil mit Gurt und Karabiner an Schmetterlingsknoten eingebunden werden. Gerade bei Kindern birgt das auch den Vorteil, dass sie sich nicht vom Schauplatz entfernen können. Es sei an dieser Stelle noch einmal erwähnt, dass jede Übung von den Trainern nach allen Richtungen ausgetestet werden muss.

Aufbau

Der Elevator kann relativ klein gebaut werden – bietet jedoch gleichzeitig nach oben kaum Grenzen. Der Abstand zwischen den beiden Bäumen sollte ungefähr zwei Drittel so groß sein wie die Anschlaghöhe des Canopees beziehungsweise der N Sicherung.

Bei der Umfeldkontrolle ist darauf zu achten, dass der Zuggruppe genügend Raum nach hinten zur Verfügung steht – durch den eingebauten Flaschenzug bewegen sie sich doppelt soweit nach hinten wie der aktive Teilnehmer Höhe erreicht.

Um den aktiven Teilnehmer aufzuschaukeln, wird ein Hilfsseil an der Umlenkrolle befestigt.

Ablauf

Der Ablauf bei dieser Art des Elevators ist unverändert gegenüber dem herkömmlichen Elevator, wie bereits beschrieben.

Besondere Gefahrenhinweise

Beim Aufschaukeln des aktiven Teilnehmers ist besonders darauf zu achten, dass sich dieser nicht mit dem Schaukelseil verheddert. Im schlimmsten Fall besteht hier Strangulationsgefahr. Wenn Sie diese Übung mit Kindern durchführen, achten Sie darauf, dass nur wirklich verantwortungsvolle und gut eingeschulte Teilnehmer das Schaukelseil betätigen, da gerade diese Position dazu verführt, besonders actionreich zu agieren und den Blick für die Sicherheit zu verlieren.

Spannung zwischen Bäumen

Feuerleiter

Feuerleiter für einen Teilnehmer

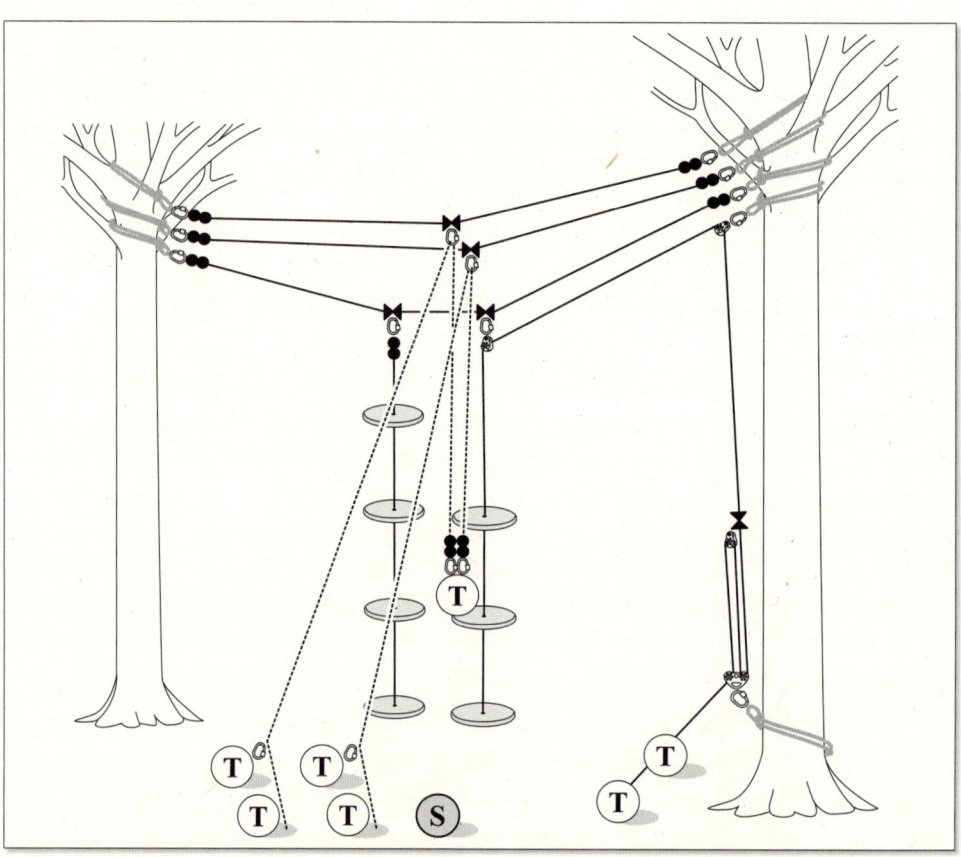

Legende

———	Statikseil		Rapidglied Schraubglied
—●●	Achterknoten		Karabiner
▶◀	Schmetterlingsknoten		Einzelrolle
- - - -	Dynamikseil (hier kann auch ein Statikseil verwendet werden)		Doppelrolle (Rollen hintereinander oder nebeneinander
	Baumschlinge Schwerlastschlinge		Teilnehmer
			Trainer Sicherheitsverantwortlicher

Die Feuerleiter ist ein hohes Element für einen oder zwei aktive Teilnehmer. Sie erfordert motorisches Geschick, Kommunikationsfähigkeit und dient zum Überwinden eigener Grenzen.

Sicherung

Bei der Feuerleiter muss der Teilnehmer in immer größerer Höhe von einem Haltepunkt zum anderen übersetzen. Dies erfordert Konzentration und gute Motorik – ein seitlicher Zug ist dabei unerwünscht. Daher wird die Feuerleiter, genau wie auch das Kistenklettern, mit einer redundanten, stationären Toprope gesichert.

Aufbau

Zunächst wird die redundante Toprope, wie bereits beim Kistenklettern beschrieben, verlegt. Die Feuerleiter kann beliebig hoch gebaut werden, auf den Bildern sind vier Übersetzungen von einem Pizzateller zum nächsten gezeigt, in der Praxis können aber weitaus mehr gebaut werden. Die Abstände zwischen den Pizzatellern sollten so gewählt werden, dass die Teilnehmer nicht direkt vertikal von einem zum nächsten klettern können, also etwa 2,5 Meter. Daher sollte das Canopee der Toprope Sicherung in folgender Höhe gelegt werden: Anzahl der Pizzateller multipliziert mit 2,5 Meter zuzüglich eines Spielraumes, damit die Teilnehmer die Sicherung niemals erreichen können, und außerdem etwa drei Meter für den Durchhang. Bei einer Feuerleiter mit 5 Ebenen ergibt das eine Anschlaghöhe für die Sicherung von 15,5 Metern.

Unterhalb des Canopees wird das vertikale Seil für das Aktionselement verlegt. Dieses muss in der Mitte über zwei Schmetterlingsknotenschlingen im Abstand von etwa 100–120 cm verfügen. In einem der beiden Schmetterlingsknoten wird das Aktionsseil mit den Pizzatellern mit Karabiner und Achterknoten eingehängt. Das andere vertikale Aktionsseil mit den Pizzatellern im gleichen Abstand, läuft oben durch eine Rolle, wird zum Anschlagpunkt zum Baum umgeleitet und läuft von dort, ebenfalls über eine Rolle zu einem Flaschenzug am Fuße des Baumes. Dort können zwei Teilnehmer mithilfe des Flaschenzuges das bewegliche Aktionsseil betätigen. Der Flaschenzug muss so gebaut sein, dass das bewegliche Aktionsseil nur über eine Umstiegetappe, also etwa 2,5 Meter bewegt werden kann, damit der aktive Teilnehmer nicht mit einem Zug über zwei Ebenen gezogen wird und so Teile der Übung auslassen kann.

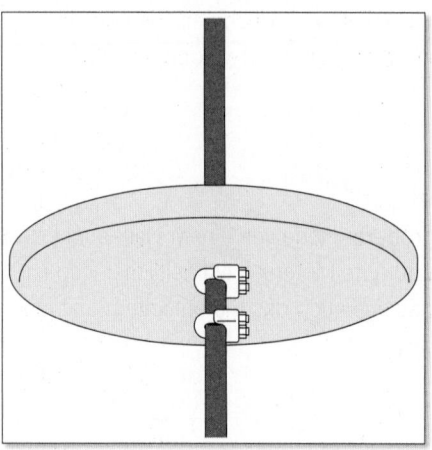

Die Pizzateller können mit zwei untereinander angebrachten Schraubklemmen am Seil befestigt werden. Dies hat den Vorteil, dass sie sich leicht Höhen versetzen lässt und nach Gebrach – im Gegensatz zu einem Knoten, leicht vom Seil abgenommen werden kann. Bitte beachten Sie, dass diese Methode in diesem Fall nur deswegen zulässig ist, da es sich um einen Teil des Aktionselements und nicht des Sicherungselements handelt.

Handbuch für temporäre Seilelemente

Feuerleiter für zwei Teilnehmer

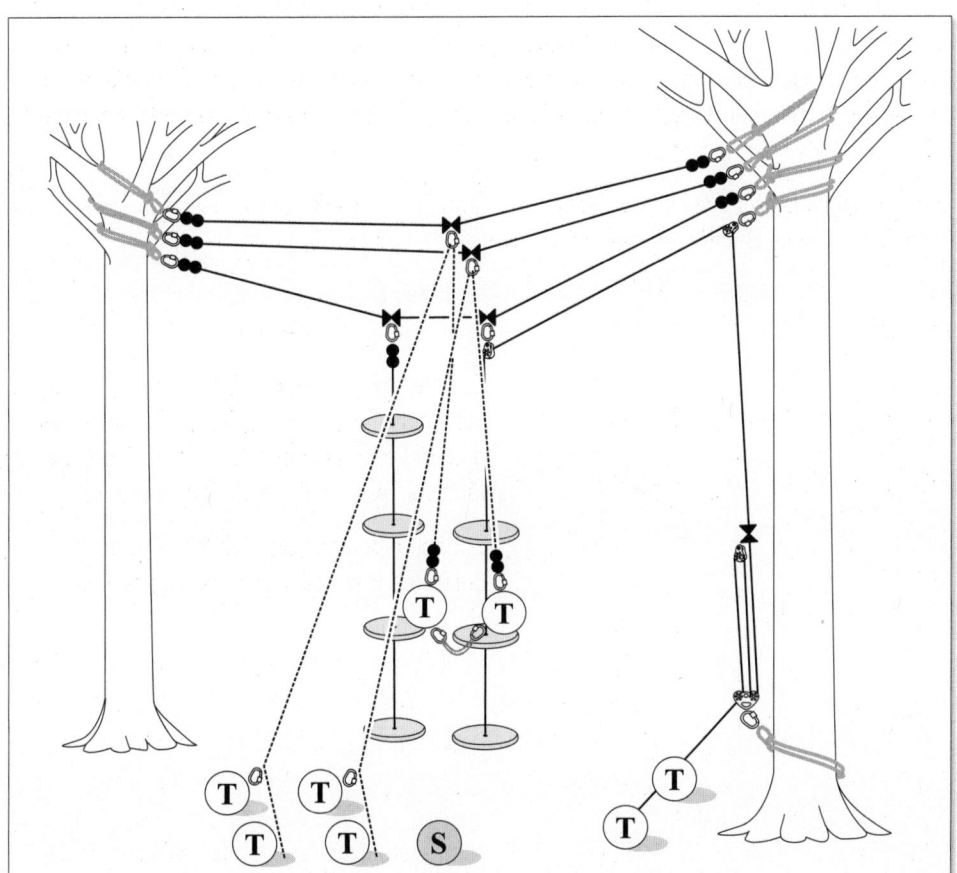

Legende

———	Statikseil
—●●	Achterknoten
►◄	Schmetterlingsknoten
- - - -	Dynamikseil (hier kann auch ein Statikseil verwendet werden)
(Schlinge)	Baumschlinge / Schwerlastschlinge
(Schlinge)	Bandschlinge
⬭	Rapidglied / Schraubglied
⬬	Karabiner
(Rolle)	Einzelrolle
(Doppelrolle)	Doppelrolle (Rollen hintereinander oder nebeneinander)
T	Teilnehmer
S	Trainer / Sicherheitsverantwortlicher

121

Auch eine Bauweise für zwei Teilnehmer ist denkbar. Dabei sind das gleiche Canopee und ebenfalls nur ein Sicherungsdreieck nötig. Jeder Teilnehmer hängt dann an einem vertikalen Sicherungsseil, um Redundanz herzustellen, sind die beiden Teilnehmer mit einem Cowtail, also mit einer Bandschlinge (Cowtail) miteinander verbunden. Als Teil der Aufgabe müssen die beiden Teilnehmer darauf achten, jeweils auf derselben Seite zu übersetzen, um nicht mit dem Cowtail hängen zu bleiben.

Bei der Bauweise für zwei aktive Teilnehmer kann es nötig sein, dass zusätzliche passive Teilnehmer für die Betätigung des Flaschenzuges nötig werden.

Ablauf

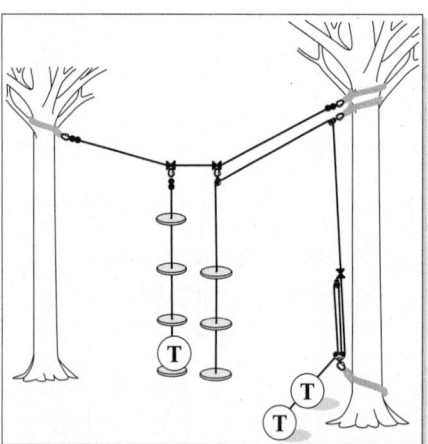

Der hier dargestellte Ablauf zeigt die Übung mit einem Teilnehmer. Je nach Konstruktion des Sicherungselements kann die Übung auch für zwei Teilnehmer verwendet werden.

Zunächst besteigt der Teilnehmer den untersten Pizzateller des unbeweglichen Seiles.

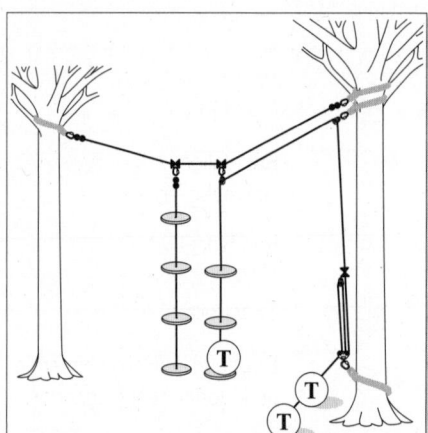

Nun übersetzt er zum ersten Mal zum Pizzateller auf dem beweglichen Seil. Dies wird den Teilnehmer noch kaum Schwierigkeiten bereiten, da er sich noch nahe beim Boden befindet. Die Teilnehmer am Flaschenzug müssen verhindern, dass der aktive Teilnehmer zu Boden sinkt.

Zusätzlich zur Toprope Sicherung sollte der Teilnehmer hier noch gespottet werden.

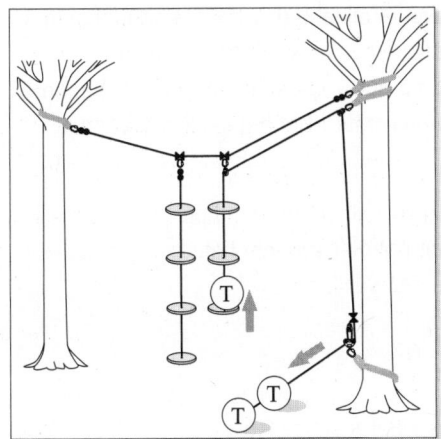

Sobald der aktive Teilnehmer sein okay gibt, ziehen die beiden passiven Teilnehmer am Flaschenzug und befördern so den aktiven Teilnehmer auf die nächste Ebene.

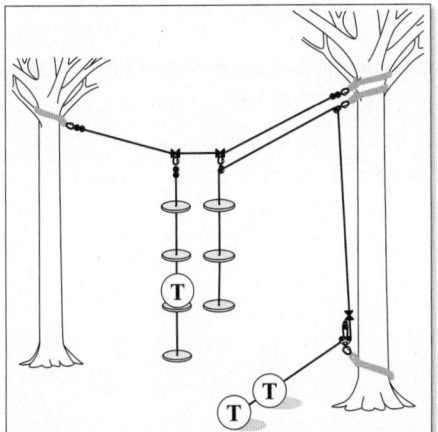

Dort übersetzt der aktive Teilnehmer wieder zum Pizzateller auf dem fix angebrachten Teil und hat somit die erste Ebene überwunden. Er hat dabei den Vorteil, einen bereits gelernten Vorgang, nämlich das Übersetzen von einem Pizzateller zum nächsten zu wiederholen. Dieser Vorgang wird dadurch für den Teilnehmer immer mehr zur Routine und er wiederholt ihn in immer größerer Höhe.

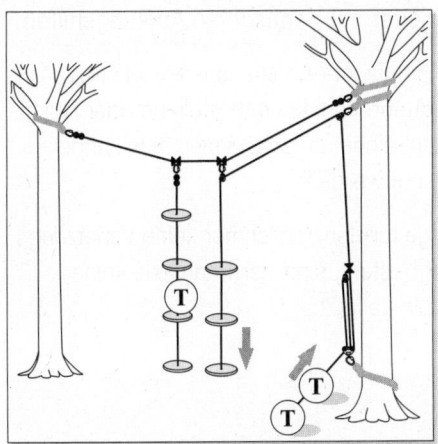

Jetzt lassen die beiden Teilnehmer am Flaschenzug das bewegliche Seil wieder hinunter in die Anfangssituation.

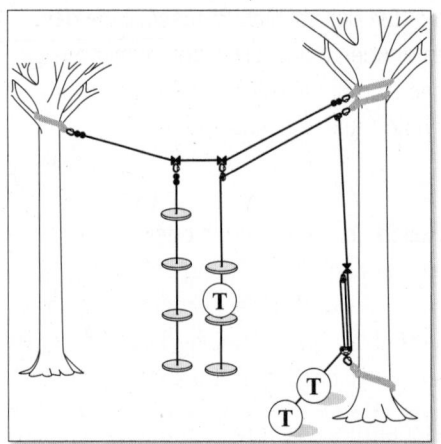

Der aktive Teilnehmer wechselt wieder zum nächsten Pizzateller auf dem beweglichen Teil und kann nun von den passiven Teilnehmern auf die nächste Ebene gezogen werden.

Dieser Vorgang wiederholt sich so lange, bis der aktive Teilnehmer den höchsten Pizzateller am stabilen Seil erreicht hat.

Feuerleiter mit Autoreifen

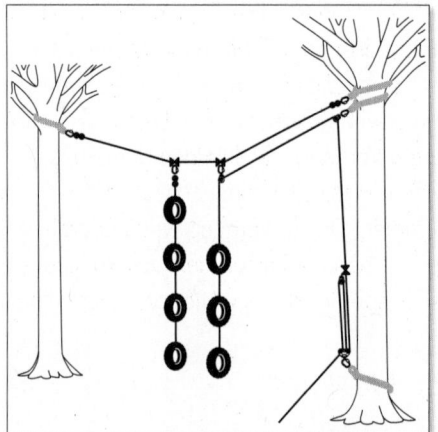

Selbstverständlich können anstatt der Pizzateller auch andere Aufstiegshilfen wie etwa Autoreifen verwendet werden. Auch hier gilt, dass es dem Teilnehmer unmöglich sein soll, direkt vertikal aufzusteigen.

Feuerleiter mit gemischten Aufstiegshilfen

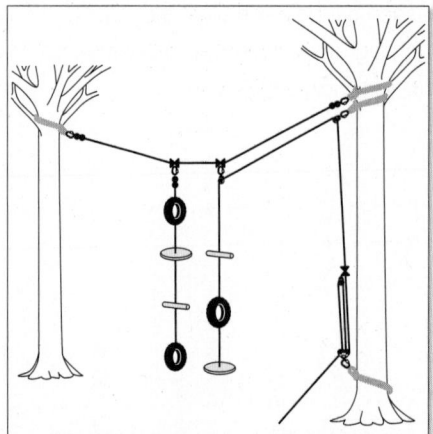

Auch gemischte Aufstiegshilfen, wie Pizzateller, Autoreifen, kurze Rundlinge oder Bojen und zahlreiche andere können miteinander vermischt werden.

Solange für den Teilnehmer keine Verletzungsgefahr besteht, sind der Phantasie keine Grenzen gesetzt.

Ist ein Teilnehmer oben angelangt, kann die Übung entweder abwärts fortgesetzt werden, bis der Teilnehmer wieder den Boden erreicht, oder er kann durch die Sichernden abgelassen werden.

Besondere Gefahrenhinweise

Der Teilnehmer darf, oben angelangt, niemals die Rollen der Umleitungen oder des Sicherungsseiles erreichen können. Wird ein Teilnehmer nach Beendigung der Übung abgelassen, so ist darauf zu achten, dass er sich nicht am Spielelement verletzt. Das Ablassen sollte daher eher langsam durchgeführt werden. Achten Sie als Trainer darauf, dass die Teilnehmer auch noch nach mehreren Durchgängen die gleiche Sorgfalt dabei anwenden.

Beachten Sie, dass durch die Anwendung des Flaschenzuges sehr hohe Kräfte, besonders auf die Umlenkrolle oberhalb des Flaschenzuges, wirken. Dies gilt besonders, wenn die Übung für zwei Teilnehmer gebaut wird.

Mitlaufende Toprope für einen Teilnehmer

Um auch für einen einzelnen Teilnehmer durchgehende Redundanz zu gewährleisten, wird dieser mit zwei dynamischen Seilen gesichert. Diese können entweder jeweils von einem Trainer bedient werden oder, wenn die Methode des Teilnehmer-sichern-Teilnehmer angewandt wird, von jeweils zwei Teilnehmern. Dies hat wiederum den Vorteil, dass die passiven Teilnehmer, also jene, die gerade nicht aktiv an der Übung teilnehmen, eine verantwortungsvolle Aufgabe zugewiesen bekommen.

Bei der mitlaufenden Toprope Sicherung müssen die beiden Sicherungsseile oberhalb der Übung am Canopee umgeleitet werden.

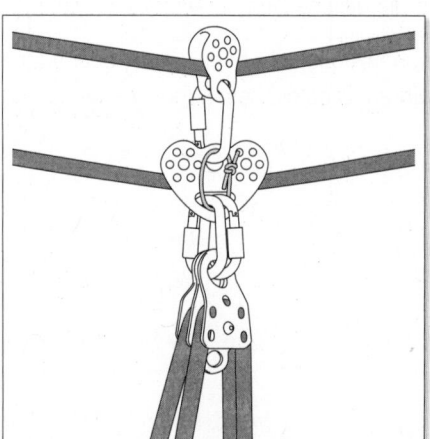

Dies geschieht mit dem so genannten mitlaufenden Sicherungsdreieck. Dazu läuft eine Einzelrolle am oberen Seil des Canopees, diese ist mit einem Karabiner mit einer hintereinander angeordneten Doppelrolle verbunden, die am unteren Seil des Canopees läuft. Diese Doppelrolle wiederum ist mit zwei Karabinern mit einer nebeneinander angeordneten Doppelrolle verbunden, durch die die beiden dynamischen Sicherungsseile geführt werden.

Diese untere Doppelrolle gewährleistet, dass die beiden dynamischen Sicherungsseile einander nicht behindern beziehungsweise verklemmen können. Dies kann passieren, wenn beide Seile durch denselben Karabiner oder dasselbe Karabinerpaar laufen.

Wird diese Sicherungsmethode für Übungen verwendet, bei dem der Teilnehmer immer relativ straff am Sicherungsseil geführt wird, kann statt des dynamischen Seiles auch ein Statikseil eingesetzt werden. Dadurch kann der Gefahr eines Bodenkontaktes bei einem Sturz aus geringer Höhe besser begegnet werden. Lediglich bei Übungen, bei denen Teilnehmer tatsächlich stürzen und erst dann vom Seil beziehungsweise vom Sicherer gedämpft gebremst werden müssen, wie dies auch beim herkömmlichen Klettern, insbesondere beim Vorstieg der Fall ist, muss unbedingt dynamisches Material verwendet werden.

Mit dieser Sicherungsmethode kann der in der Folge beschriebenen Wolf im Schafspelz gesichert werden, außerdem eignet sie sich auch zur Sicherung der meisten am Anfang dieses Buches beschriebenen Übungen, wenn sie in der Höhe errichtet werden und nur von einem aktiven Teilnehmer benützt werden.

Wolf im Schafspelz

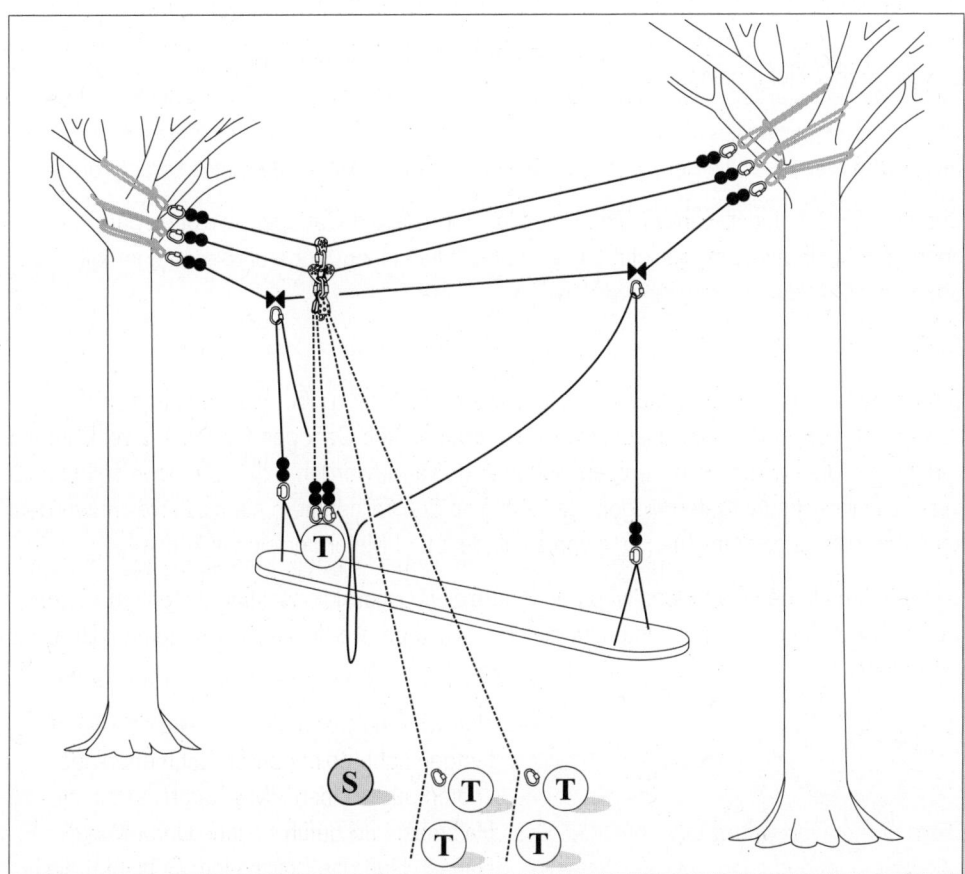

Legende

———	Statikseil	Karabiner
••	Achterknoten	Einzelrolle
▶◀	Schmetterlingsknoten	Doppelrolle (Rollen hintereinander)
- - -	Dynamikseil (hier kann auch ein Statikseil verwendet werden)	Doppelrolle (Rollen nebeneinander)
	Baumschlinge Schwerlastschlinge	T	Teilnehmer
	Rapidglied Schraubglied	S	Trainer Sicherheitsverantwortlicher

Der Wolf im Schafspelz ist eine Übung für einen einzelnen Teilnehmer zur Überwindung von Höhe und der eigenen Grenzen. Der Teilnehmer wiederholt denselben Vorgang mehrmals und realisiert dabei weniger, dass er gegen Ende der Übung auf einem schwankenden Brett in großer Höhe balanciert.

Sicherung

Der Wolf im Schafspelz wird mit einer mobilen Toprope auf Canopee, welches parallel oberhalb der Übung läuft, gesichert.

Aufbau

Der Abstand zwischen den Bäumen sollte etwa zwei Meter größer als die Länge des verwendeten Brettes sein. Zunächst wird ein redundantes Canopee zwischen zwei Bäumen verlegt, die Übung kann in beliebigen Höhen angewandt werden – das Canopee selbst sollte auf zumindest acht Metern liegen, damit es von den Teilnehmern niemals erreicht werden kann und diese trotzdem eine Höhe von zumindest fünf Metern erreichen können.

Direkt unterhalb des Canopees wird das Trageseil für das Aktionselement montiert. Dazu werden zwei Schmetterlingsknoten im gleichen Abstand wie die Befestigungen am Brett unten gemacht.

Nun wird ein Seil auf einer Seite des Brettes festgemacht, beim oberen Schmetterlingsknoten durch einen HMS-Karabiner mit einem Halbmastwurf geführt (siehe Darstellung). Danach läuft das Seil in einer Schlaufe, die so lang ist, dass das Seil fast den Boden berührt, zum zweiten HMS-Karabiner am zweiten Schmetterlingsknoten, wird dort mit einem Halbmastwurf festgemacht und dann unten an der anderen Befestigung des Brettes festgemacht.

Ablauf

Der Teilnehmer besteigt das am Boden liegende Brett und erhält die Aufgabe, sich damit in die Höhe zu ziehen. Solange er sich in der Mitte des Brettes befindet, wird ihm das kaum gelingen.

Erst wenn er an ein Ende des Brettes geht, kann er mit dem Hilfsseil das gegenüber liegende Ende des Brettes nach oben ziehen.

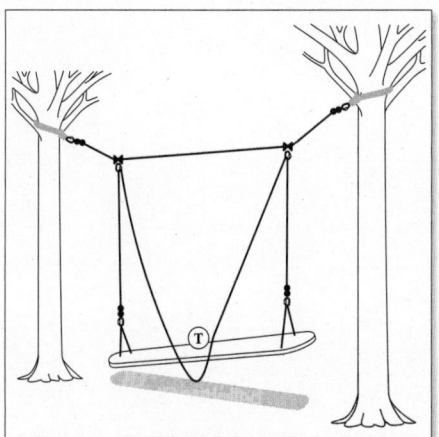

Nun überschreitet der Teilnehmer das aufwärts führende Brett. Dabei muss er das Hilfsseil unter Zug halten, damit der Halbmastwurf hält. Am anderen Ende des Brettes wird der Vorgang in entgegen gesetzter Richtung fortgesetzt.

Besondere Gefahrenhinweise

Besonders ehrgeizige Teilnehmer können verführt sein, mit wenig möglichst Durchgängen das Ziel zu erreichen und das Brett sehr stark in die Höhe zu ziehen. Eine Neigung von mehr als etwa 20 % sollte durch Intervention des Trainers verhindert werden.

Es gilt darauf zu achten, dass sich im Zuge der Übung keine Personen unterhalb des Brettes befinden.

Fertig zum Beamen

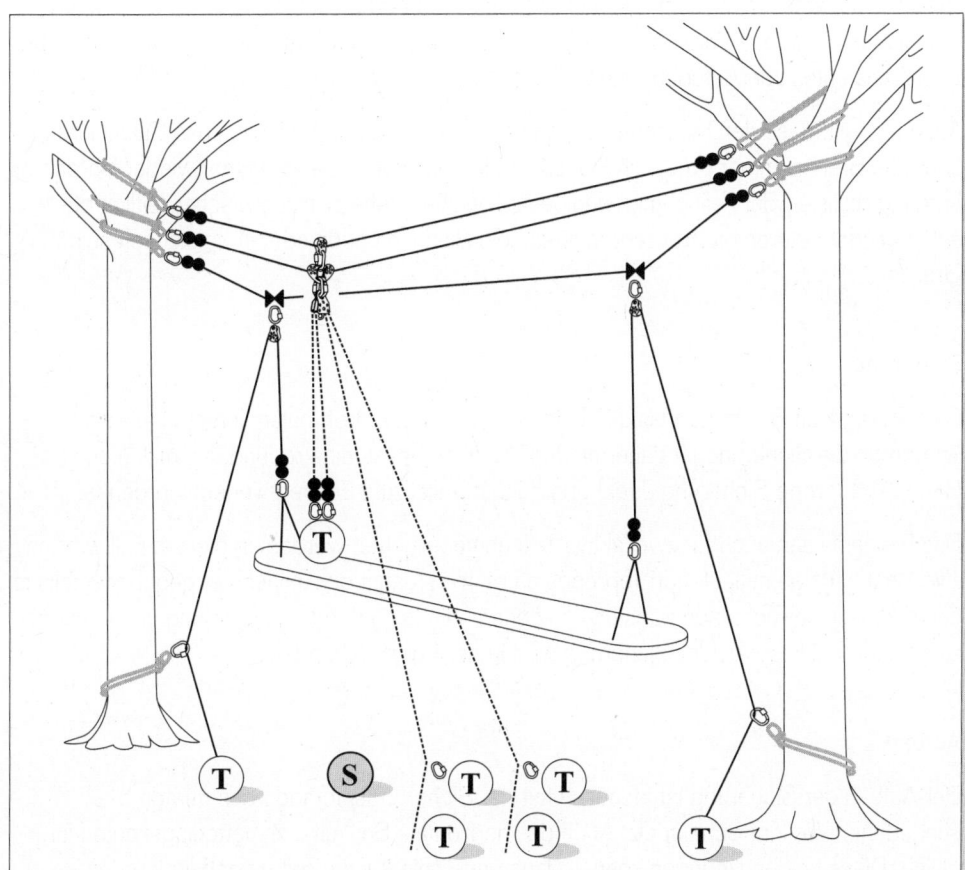

Legende

——	Statikseil	Karabiner	
—●●	Achterknoten	Einzelrolle	
✕	Schmetterlingsknoten	Doppelrolle (Rollen hintereinander)	
------	Dynamikseil (hier kann auch ein Statikseil verwendet werden)	Doppelrolle (Rollen nebeneinander)	
	Baumschlinge Schwerlastschlinge	T	Teilnehmer
	Rapidglied Schraubglied	S	Trainer Sicherheitsverantwortlicher

Das Element Fertig zum Beamen ist von der Grundidee dem Wolf im Schafspelz sehr ähnlich – der wesentliche Unterschied ist, dass beim Fertig zum Beamen nicht der aktive Teilnehmer selbst das Zugseil führt, um sich in die Höhe zu hieven, sondern dass ihm dabei zwei Assistenten zur Verfügung stehen.

Auch hier gilt, dass der Teilnehmer ein und denselben Vorgang, nämlich das Balancieren über das Brett in immer größeren Höhen wiederholt. Durch diesen immer wiederkehrenden Vorgang realisiert der Teilnehmer weniger, in welcher Höhe er sich zwischenzeitlich bereits befindet – durch die Konzentration auf die Balance überwindet er spielerisch seine Grenzen.

Sicherung

Beim Fertig zum Beamen muss der Teilnehmer über das Brett balancieren, ein seitlicher Zug durch die Sicherung ist daher hinderlich. Daher muss eine redundante mitlaufende Canopee Toprope Sicherung direkt oberhalb, parallel zum Element verlegt werden.

Das Element kann auch für zwei aktive Teilnehmer errichtet werden, in diesem Fall werden zwei unabhängige mitlaufende Topropes empfohlen, damit die Teilnehmer gegebenenfalls in unterschiedliche Richtungen abstürzen können ohne sich durch Verknüpfung untereinander zu behindern. Diese Art der Sicherung wird in der Folge behandelt.

Aufbau

Der Aufbau der Sicherung ist identisch mit der Sicherungsmethode des gerade beschriebenen Wolf im Schafspelz. Auch das horizontale Seil mit Schmetterlingsknoten ist gleich. Diese beiden Übungen können daher innerhalb kurzer Zeit umgebaut werden. Lediglich die Befestigung des Brettes ist verschieden.

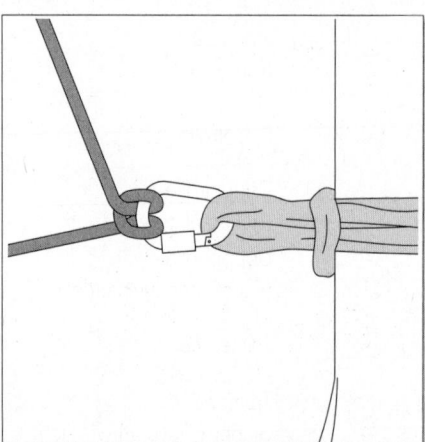

Beim Fertig zum Beamen läuft das Seil von der Befestigung am Brett nach oben und wird dort über eine Rolle nach unten umgeleitet. Unten läuft das Seil mit einem Halbmastwurf durch einen HMS-Karabiner, der an einer Baumschlinge befestigt ist. Ein Assistent des aktiven Teilnehmers kann auf dessen Kommando hin damit das Brett in die Höhe befördern und es durch Zug am Halbmastwurf stabil halten. Auf der Gegenseite wird das Seil ebenso eingezogen.

Ablauf

Auch im Ablauf ähnelt diese Übung dem Wolf im Schafspelz. Beim Fertig zum Beamen muss der aktive Teilnehmer jedoch das Brett nicht selber in die Höhe ziehen sondern beauftragt seine beiden Assistenten am Boden damit. Der aktive Teilnehmer hat dadurch den Vorteil, keinen Kraftaufwand in das Ziehen der Bretter zu investieren, gleichzeitig ist das Balancieren jedoch deutlich schwieriger, da das Zugseil zum Anhalten wegfällt.

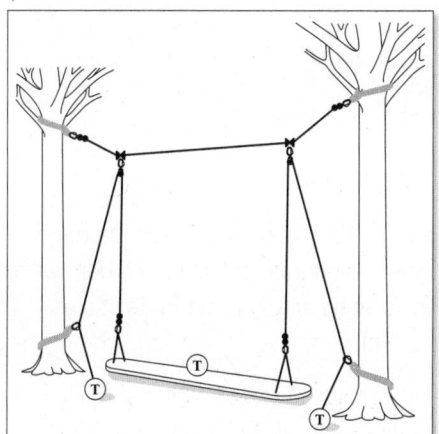

Zunächst liegt das Brett auf dem Boden. Die passiven Teilnehmer am Zugseil werden es kaum schaffen, den aktiven Teilnehmer gleichzeitig in die Höhe zu ziehen.

Als Trainer können Sie es den Teilnehmern ohne weiteres selber überlassen, hinter den Trick dieser Übung zu kommen.

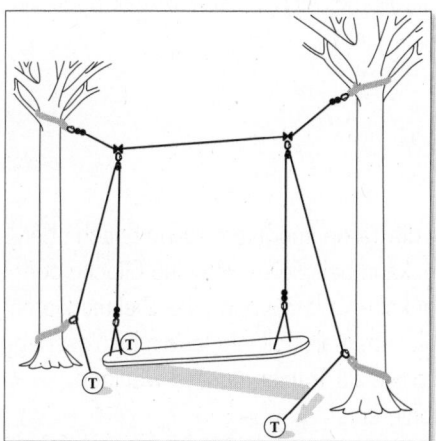

Erst wenn der aktive Teilnehmer sich an ein Ende des Brettes bewegt, kann das gegenüberliegende vom passiven Teilnehmer in die Höhe gezogen werden. Achten Sie als Trainer darauf, dass das Brett nicht zu hoch gezogen und eine Neigung von etwa 20 % nicht überschritten wird.

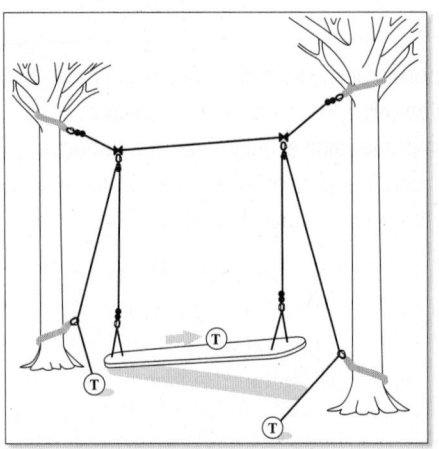

Nun kann der aktive Teilnehmer zum anderen Ende des Brettes balancieren.

Dadurch wird das gegenüberliegende Ende des Brettes wiederum entlastet und der zweite passive Teilnehmer kann sein Ende in die Höhe ziehen.

Dieser Vorgang wiederholt sich mehrmals. Kurz bevor der aktive Teilnehmer die oberen Umlenkrollen erreichen kann, ist das Ende der Übung erreicht.

Damit die Teilnehmer nicht zu weit nach oben gehen, kann beispielsweise eine Glocke oder ein Säckchen mit Bonbons das Ziel markieren – damit haben die Teilnehmer ein Erfolgserlebnis und Sie als Trainer müssen weniger intervenieren.

Besondere Gefahrenhinweise

Es ist darauf zu achten, dass sich keine Personen unterhalb des Brettes befinden. Nach Beendigung der Übung, also wenn sich der Teilnehmer am höchsten Punkt befindet, vom Brett fällt oder aus anderen Gründen nicht mehr weitermachen möchte, soll zunächst das Brett zum Boden abgelassen werden, erst danach der Teilnehmer.

Spannung zwischen Bäumen

Assisted Wobbly Logs

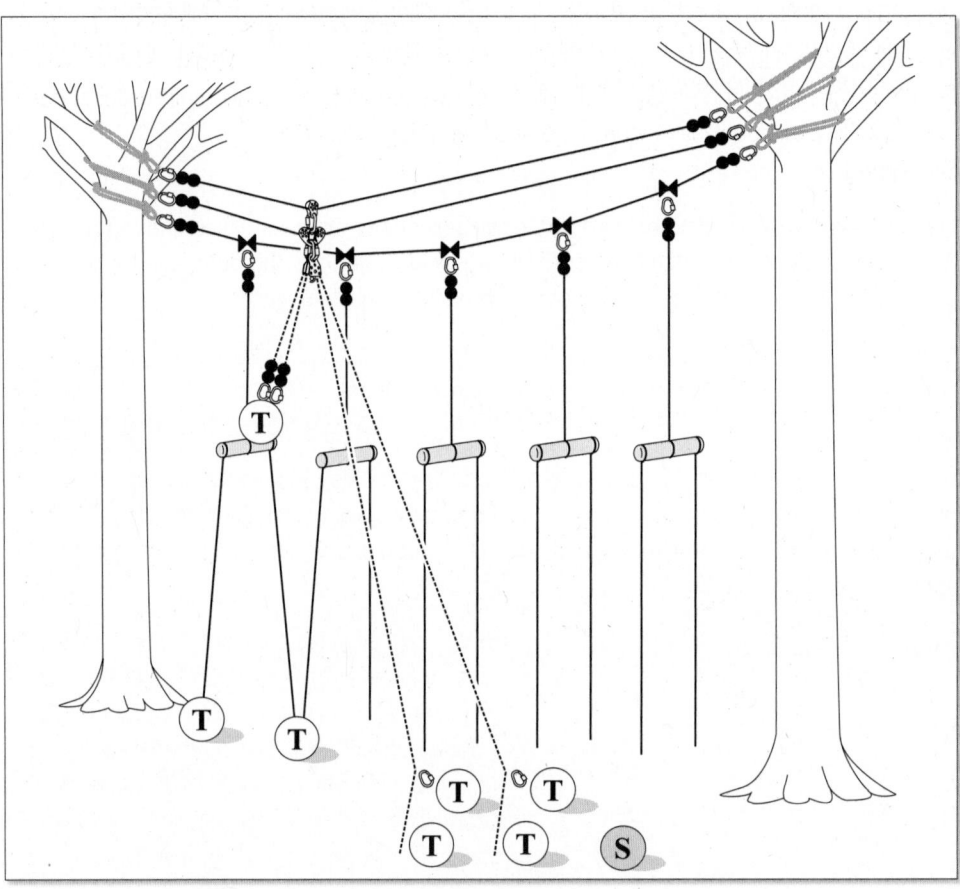

Legende

———	Statikseil
●●	Achterknoten
►◄	Schmetterlingsknoten
- - - -	Dynamikseil (hier kann auch ein Statikseil verwendet werden)
	Baumschlinge / Schwerlastschlinge
⬭	Rapidglied / Schraubglied
⬭	Karabiner
	Einzelrolle
	Doppelrolle (Rollen hintereinander)
	Doppelrolle (Rollen nebeneinander)
T	Teilnehmer
S	Trainer / Sicherheitsverantwortlicher

Bei den Assisted Wobbly Logs balanciert ein aktiver Teilnehmer über mehrere mittig aufgehängte Rundlinge. Durch die Abstände der Rundlinge würde es der Teilnehmer alleine kaum schaffen, daher stehen ihm zwei oder drei Assistenten zur Verfügung, die vom Boden aus die Bretter positionieren und stabilisieren.

Sicherung

Bei den Assisted Wobbly Logs wird der aktive Teilnehmer mit einer mitlaufenden Toprope auf Canopee gesichert. Auch bei dieser Übung ist ein seitlicher Zug durch die Sicherung störend, daher verläuft diese parallel oberhalb des Aktionselements.

Aufbau

Zunächst wird das redundante Canopee zwischen zwei Bäume verlegt. Als Mindesthöhe werden hier acht bis zehn Meter empfohlen. Das Tragseil des Aktionselements wird unmittelbar unterhalb des Canopees verlegt. Bedenken Sie, dass im schlimmsten Fall das Gewicht von drei Personen auf diesem Seil lasten kann und verwenden Sie einen entsprechenden Durchhang.

Das Tragseil muss etwa alle 1,5 Meter mit einem Schmetterlingsknoten versehen werden. Daran werden mittels Karabiner oder Schraubglied die Seile eingehängt, an denen die Wobbly Logs befestigt sind. Das horizontale Aktionsseil sollte, ebenso wie das Sicherungsdreieck, während der Übung für den Teilnehmer unerreichbar sein. Der Abstand zwischen Schmetterlingsknoten und Wobbly Log sollte daher zumindest 2,5 Meter betragen.

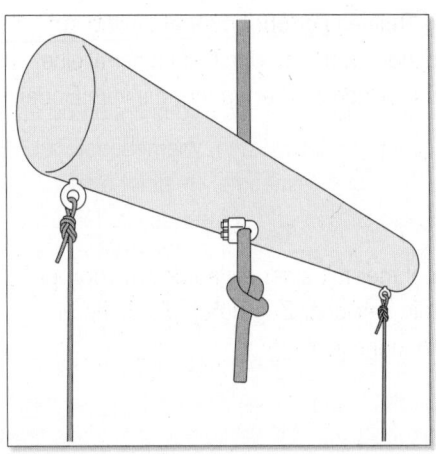

Es wird empfohlen, die Wobbly Logs, also die Rundhölzer selber, bereits im Vorfeld vorzubereiten. Die Hölzer unterliegen während der Übung einer starken Belastung – Äste aus dem Wald, an denen die Schnüre lediglich mit ein paar Mastwürfen befestigt sind, wirken wenig Vertrauens erweckend und sind in der Regel schlecht ausbalanciert.

Das Holz wird in der Mitte angebohrt, durch dieses Loch wird das herabhängende Aktionsseil geführt und mit einer Seilklemme fixiert.

Die Seilklemme hat den Vorteil, dass sich damit die Wobbly Logs schnell in der Höhe verstellen lassen. Durch den Durchhang des horizontal verlaufenden Aktionsseils ist es nötig, die Länge der herabhängenden Seile justieren zu können, damit die Logs selber alle ungefähr auf gleicher Höhe hängen. Unterhalb des U-Bolts wird dieser mit einem Sackstich abgesichert.

Um die Hilfsschnüre für die Assistenten anzubringen, können Ringschrauben verwendet werden. Beachten Sie, dass theoretisch einen volle Personenlast an dieser Ringschraube wirken kann und verwenden Sie entsprechendes Material. Alternativ dazu können die Logs auch durchbohrt und die Zugseile hindurchgeführt werden. Als Hilfsschnur kann ohne weiteres eine Reepschnur verwendet werden. Bei dünnen Schnüren ergibt sich jedoch das Problem, dass die Assistenten diese nur schlecht greifen können und oft dazu tendieren, sie um die Hand zu wickeln, dass muss unbedingt verhindert werden. So können beispielsweise Haltegriffe aus kurzen Hölzern (Format eines Koffergriffes) an die Reepschnüre gebunden werden.

Ablauf

Der Teilnehmer muss von einem Wobbly Log zum nächsten übersetzten und so die Distanz zwischen den Bäumen überbrücken. Da die Wobbly Logs jeweils nur an einem Seil und in relativ großen Abständen hängen, wird der Teilnehmer es ohne Hilfe kaum schaffen. Die Hilfe dabei sieht folgendermaßen aus: Zwei bis drei Assistenten stabilisieren die Logs mittels seitlich angebrachten Schnüren, die zu Boden hängen. Neben der Stabilisierung können diese auch verwendet werden, um die Logs näher zum aktiven Teilnehmer heranzuziehen oder längs zu positionieren.

Es gibt mehrere Möglichkeiten, den Teilnehmer beginnen zu lassen. So kann etwa eine gesicherte Leiter am Baum angebracht werden.

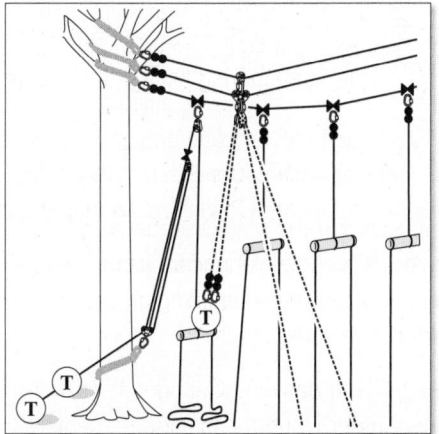

Stattdessen kann aber auch das erste Log als Aufzug verwendet werden, wie nebenstehend dargestellt. Der Teilnehmer besteigt diese bereits am Boden und seine Assistenten ziehen ihn mittels internen Flaschenzugs auf die Höhe der anderen Logs. Beachten Sie dabei, dass bei dieser Art der Konstruktion während des Hinaufziehens des Teilnehmers sehr starke Kräfte, besonders auf die oberste Umlenkung (Rolle an Karabiner) des Flaschenzugseiles auftreten.

Nachdem der Teilnehmer den letzten Log erreicht hat, ist die Übung vorerst zu Ende und er kann sie entweder in entgegen gesetzter Richtung wiederholen oder mittels der Sicherung abgelassen werden.

Besondere Gefahrenhinweise

Die Assistenten befinden sich im Zuge der Übung mitunter unmittelbar unterhalb des Aktionselements und des aktiven Teilnehmers. Es ist daher insbesondere zu verhindern, dass Gegenstände herabfallen können. Die Helmpflicht ist in der temporären Seilarbeit auch für passive Teilnehmer am Boden obligat, sei hier aber nochmals explizit betont.

Die Höhe des Aktionselements, also der Wobbly Logs, muss so bemessen sein, dass im Falle eines Absturzes eines aktiven Teilnehmers, auch nach Berücksichtigung eines Nachgebens der Sicherungsgruppe und der Dynamik des Seiles, die Assistenten an den Hilfsseilen niemals vom Stürzenden berührt werden können.

Mitlaufende Toprope mit Canopee über Element für zwei Teilnehmer

Im Vorfeld wurden bereits Sicherungsmethoden für zwei oder mehr Teilnehmer besprochen, etwa bei der Riesenleiter oder dem vertikalen Labyrinth. Bei diesen Elementen wurde die Redundanz dadurch erzielt, dass die Teilnehmer untereinander mit so genannten Cowtails verbunden sind. Sie müssen dadurch aufeinander Rücksicht nehmen und können sich nicht weit voneinander entfernen.

Bei der nun folgenden Übung sind ebenfalls zwei Teilnehmer aktiv und müssen miteinander interagieren – jedoch ist es nicht möglich sie miteinander mit einem Cowtail zu verknüpfen.

Um beide Teilnehmer redundant sichern zu können, müssen zwei unabhängige Sicherungsdreiecke verlegt werden.

Im Idealfall läuft das eine Canopee leicht versetzt neben der Übung, das andere ebenfalls leicht versetzt, aber auf der anderen Seite.

So können die Teilnehmer etwa bei der hohen Zugbrücke einander passieren, ohne dass sich die Sicherungsseile in die Quere kommen.

Bei dieser Art der Sicherung kommen bei zwei aktiven Teilnehmern insgesamt vier Sicherungsseile zu Boden. Um den aktiven Teilnehmern möglichst viel Spielraum zu geben, empfiehlt es sich, dass jedes Sicherungsseil ohne weitere Umlenkung von zwei passiven Teilnehmern gesichert wird. Der vordere trägt einen Klettergurt und sichert mit Halbmastwurf, Achter oder etwa einem Reverso(r), die jeweils dahinter stehende Person benötigt keinen Gurt, sondern ist lediglich stets dafür zuständig, das das Seil zwischen ihm und seinen Vordermann nicht durchhängt, dazu hält er es stets mit beiden Händen.

Handbuch für temporäre Seilelemente

Hohe Zugbrücke

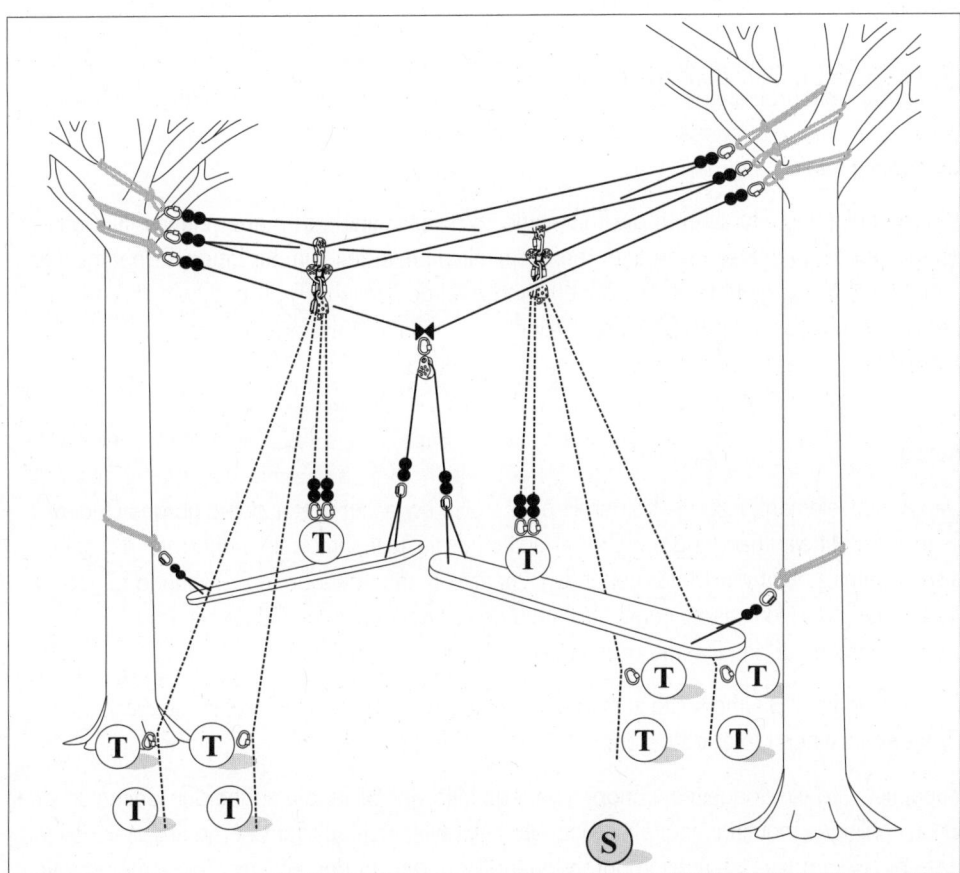

Legende

——	Statikseil	Karabiner	Karabiner
—●●	Achterknoten	Einzelrolle	Einzelrolle
⋈	Schmetterlingsknoten	Doppelrolle (Rollen hintereinander)	
- - - -	Dynamikseil (hier kann auch ein Statikseil verwendet werden)	Doppelrolle (Rollen nebeneinander)	
	Baumschlinge Schwerlastschlinge	T	Teilnehmer
⬭	Rapidglied Schraubglied	S	Trainer Sicherheitsverantwortlicher

141

Die hohe Zugbrücke basiert auf derselben Grundidee wie die niedere Zugbrücke. Dieses Element ist für zwei Teilnehmer, die es nur bewältigen können, wenn sie aufeinander Rücksicht nehmen, konzipiert. Diese Rücksichtnahme findet fast ausschließlich ohne gegenseitige Berührung, sondern nur durch Kommunikation statt.

Sicherung

Bei dieser Übung interagieren die Teilnehmer zwar sehr stark, sind aber einerseits räumlich getrennt und müssen sich andererseits seitlich bewegen. Um für beide Teilnehmer redundante Sicherheit bieten zu können, sind zwei bewegliche Topropes, wie im Vorfeld bereits beschrieben, nötig. Damit die Teilnehmer einander passieren können, wird eine Sicherung vor der Übung, die andere dahinter geführt.

Aufbau

Das Aktionselement, also die beiden Bretter, sollte etwa vier Meter oberhalb des Bodens liegen, die Mittelaufhängung der Bretter sollte für die Teilnehmer stets unerreichbar sein, also nochmals etwa vier Meter höher. Um zusätzlich noch genügend Durchhang für die Aufhängung des Aktionselements und auch der Canopees zu gewährleisten, sollten die Aufhängungen auf den Bäumen zumindest auf zehn Metern liegen.

Der Abstand der Bäume sollte zumindest die Länge der beiden hintereinander liegenden Bretter plus einen Meter betragen.

Zunächst wird ein doppeltes Canopee verlegt, also vier Seile, die auf beiden Seiten an zwei Baumschlingen montiert sind. Bitte beachten sie, wie auch auf der oberen Darstellung, dass die Redundanz tatsächlich durchgehend ist und nicht der einzelne Teilnehmer nur von einer Baumschlinge abhängig ist.

Beim Aktionselement ist darauf zu achten, dass der Schmetterlingsknoten und die Rolle tatsächlich in der Mitte zwischen den beiden Bäumen hängen.

Damit die Teilnehmer die Übung überhaupt erreichen können, muss eine Aufstiegshilfe errichtet werden, im einfachsten Fall ist das auf jeder Seite ein Leiter. Die Leiter selber muss gegen Umfallen gesichert sein. Beim Besteigen der Leiter ist der Teilnehmer bereits durch die Toprope gesichert. Auch Strickleitern, Netze und andere Aufstiegshilfe sind möglich.

Ablauf

Die Teilnehmer beginnen die Übung jeweils an den äußeren Enden der Bretter. Nun müssen die Teilnehmer versuchen sich einander anzunähern. Ist dabei ein Teilnehmer zu schnell, so wird gemäß Hebelgesetz sein Brett nach unten sinken und das des anderen Teilnehmers nach oben steigen. Aufgabe der Teilnehmer ist es, sich einander anzunähern, ohne dass die Waage aus dem Gleichgewicht kommt. In der Mitte angekommen, können die Teilnehmer auf das jeweils andere Brett umsteigen. Durch die Sicherung können sie dies jeweils nur auf der dafür vorgegebenen Seite tun. In der Folge gehen die Teilnehmer wieder zu den Enden der Bretter. ab hier haben sie sich in der Regel nicht mehr im Blickfeld, was einen zusätzlichen Reiz ausmachen kann.

Als Variante kann die Übung schweigsam begangen werden, dass heißt, die Teilnehmer müssen durch Blicke, Zeichen oder einfach nur gegenseitige Beobachtung interagieren.

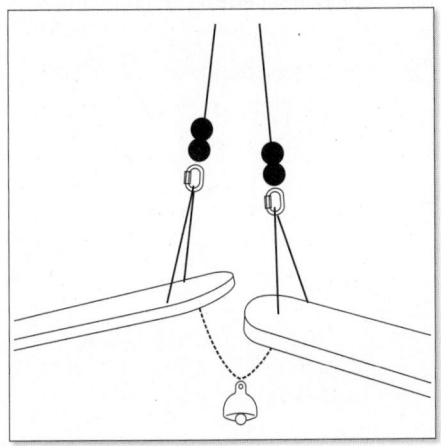

Weiters kann zwischen die beiden Holzbretter eine Glocke an einem schlaff hängenden Seil montiert werden, sobald diese läutet ist dies ein eindeutiges Signal, dass die Teilnehmer nicht im Gleichgewicht sind.

Alternativ können die beiden Bretter auch mit einem Faden verbunden werden – sobald dieser reißt, sind die Teilnehmer gescheitert.

Besondere Gefahrenhinweise

Die Gefahr in dieser Übung besteht darin, dass die Kommunikation zwischen den Teilnehmern nicht funktioniert, beziehungsweise, dass sie aus anderen Gründen das Gleichgewicht der Bretter nicht halten können. In diesem Fall kann ein Brett stark absinken, während das andere aufsteigt. Dies kann verhindert werden, indem die Sicherung ab einem gewissen Zeitpunkt greift, und der Teilnehmer dadurch quasi sein Gewicht auf das Brett verliert. Die sichernden Teilnehmer müssen auf diese Verantwortung bereits im Vorfeld aufmerksam gemacht werden.

Beim Umsteigen der beiden Teilnehmer besteht die Gefahr, dass beide ihr Gewicht zugleich auf ein Brett verteilen, dadurch steigt das andere Brett auf und kann die Teilnehmer gefährden. Daher ist zu diesem Zeitpunkt die Sicherung besonders kurz zu führen.

Quellenverzeichnis

bergundsteigen 3/03, Andreas Ermacora, über den Unfall am Kanzianiberg, online unter
  http://www.bergundsteigen.at/file.php/archiv/2003/3/16-19%20(kanzianiberg).pdf
ERCA, Industriestandards für stationäre und mobile Ropes Courses; ERCA; Ziel Verlag,
  Hannover, 2005
ÖNORM EN 15567-1, 01. März 2008. Sport- und Freizeitanlagen – Seilgärten – Teil 1:
  Konstruktion und sicherheitstechnische Anforderungen
Walter Siebert, 2006, Standard Operating Procedures, Handbuch der Siebert Consulting
  Group, Low Events & Spotting Events
Walter Siebert, 2008, Standard Operating Procedures, Handbuch der Siebert Consulting
  Group, High Events
Walter Siebert: Zero Accident. Qualitätsstandards für erlebnisorientierte Wirtschaftstrai-
  nings. Ziel Verlag, Augsburg 2003

Der Autor

Philipp Strasser

Philipp Strasser ist Geschäftsführer von outdoorconcept mit Sitz in der Hinterbrühl bei Wien.

Er befasst sich intensiv mit Sicherungsforschung und -konzepten von Seilgärten und ist Erfinder des kontinuierlich sicheren SSB-Systems und des Tweezles

Weiters beschäftigt er sich mit Berechnungen und Entwicklungen neuer Seilgartenelemente und Zipline Systemen.

Mag. Philipp Strasser
outdoorconcept

philipp.strasser@outdoorconcept.at
www.outdoorconcept.at

erleben und lernen
Internationale Zeitschrift für handlungsorientiertes Lernen

e&l ist führend in der Kinder- und Jugendhilfe, in Schule, Betrieb und in der Aus- und Weiterbildung. e&l berichtet trägerunabhängig über Theorie und Praxis im In- und Ausland. e&l führt vom Lesen zum Handeln.

akzent
In jedem Heft wird ein aktuelles Schwerpunktthema unter verschiedenen Aspekten dargestellt

praxis
Berichte und Beispiele aus der Praxis für die Praxis

vip
vip – vorlagen, impulse, profile, personen, projekte – bringt Denkanstöße für die tägliche Arbeit, stellt Einrichtungen aus der Szene vor, Personen des öffentlichen Lebens und aus der Szene werden befragt

service
umfasst Tipps, Termine, Nachrichten, Hinweise, eine Buchtitel- und Zeitschriftenartikelübersicht sowie Rezensionen aktueller Titel

magazin
Berichte aus der Szene

ZIEL GmbH, e&l-Abonnementverwaltung,
Kirchweg 5, D-88138 Hergensweiler
Telefon: 0 83 88-98 06 64
Telefax: 0 83 88-98 06 65
E-Mail: e-und-l@ziel.org
Internet: www.e-und-l.de

e&l erscheint in sechs Heften, im Februar, April, Juli als Doppelheft, Oktober, Dezember.

ZIEL-TOOLS SEMINARMATERIALIEN FÜR HANDLUNGSORIENTIERTES LERNEN

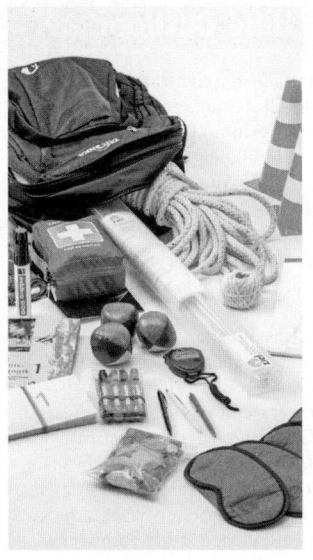

Erlebnistour-Rucksack

Der neue Hit für Erlebnispädagogen und Outdoor-Trainer! Alles kompakt dabei für die Erlebnistour, den Spieletag oder als Übungs-Backup für Indoor-Seminare. Mit dem Inhalt dieses Erlebnistour-Rucksacks lassen sich viele Übungen für die unterschiedlichsten Anforderungen gestalten.

Sie können unter anderem diese Übungen durchführen: Zauberstab, Namensball (und viele andere Kennenlernspiele), Luftballon-Jonglage, Schneller Ball, Blindes Quadrat, Codeknacker, Bullring, Teamschreiber, Blindflug, Schäferübung, Vertrauenslauf.

Inhalt
- 20 Augenbinden
- 1x Bullring incl. Teamschreiber + 4 Pylonen
- 1x Codeknacker
- 3 Jonglierbälle
- 1x Spielseil 20 m
- 1x Stoppuhr
- 1x Zauberstab
- 1 Rolle Schnur
- 1 Paket Luftballons
- 1x Notizblock, Kulis, Eddings
- 1x Übungshandbuch: Annette Reiners: Praktische Erlebnispädagogik 1
- Tatonka® First Aid Complete

 20 – 90 min   Tatonka® Zaphod Tagesrucksack   max. 16 – 20   399 € inkl. 19% Mwst.

Performance Puzzle (Tischversion)

Klein, aber oho. Für Leute, die viel unterwegs sind, ist diese Version wegen der Packmaße ein Muss. Das Performance-Puzzle ist ein verzwicktes Puzzle, bestehend aus 14 unterschiedlich langen Brettern mit Schlitzen.

Die Gruppe hat die Aufgabe, das Puzzle getreu der Vorlage aufzubauen. Wenn das geschafft ist, bekommt das Team die Aufgabe, einen „Produktionsablauf" zu entwickeln, in dem das Puzzle unter einer Minute zusammengebaut werden kann. Dies erfordert eine gute Koordination, Rollenverteilung und Kommunikation untereinander. Die Aufgabe kann entweder als Wettbewerb zwischen mehreren Gruppen konzipiert werden oder als Gemeinschaftsaufgabe (z.B. drei Gruppen müssen zusammen unter drei Minuten kommen).

Inhalt
- Performance-Puzzle
- Vorlage inklusive Anleitung
- Lieferbar in rot, blau, schwarz, grün, grau, gelb

 stabiles Hartplastik   90 – 120 min

 3 – 5   Stofftransporthülle (ca. 50 x 10 x 10 cm)

 1 m x 50 cm x 10 cm (aufgebaut)   170 € inkl. 19% Mwst.

 2er Set: 300 € inkl. 19% Mwst.   4er Set: 550 € inkl. 19% Mwst.

Das Buch im Bild dient nur zur Darstellung der Größenverhältnisse und gehört nicht zum Lieferumfang :-).

Bestellungen bitte an:
ZIEL – Zentrum für interdisziplinäres erfahrungsorientiertes Lernen GmbH
Kirchweg 5, 88138 Hergensweiler
Telefon (08388) 980 664, Telefax (08388) 980 665, E-Mail: bestellung@ziel.org

Weitere Seminarmaterialien unter www.ziel-tools.de

Gelbe Reihe : Praktische Erlebnispädagogik

Wilfried Dewald, Christian Häußler
On-Line
Spiele und Abenteuer mit dem Seil
2. überarbeitete Auflage
159 Seiten, Format 20 x 24 cm
147 Fotos / Abbildungen / Illustrationen
19,80 € (D) / 20,40 € (A) / 35,00 sFr
ISBN 978-3-937 210-88-9 (Softcover)

Damit Sie nicht „in den Seilen hängen"
Mobile Seilaufbauten gehören zu den „Klassikern" unter den erlebnispädagogischen Handlungsfeldern. Allerdings sehen sich Praktiker zuweilen ungeahnten An- und Herausforderungen gegenüber – trotzdem sind Seilaufbauten mit dem Statikseil durchaus keine Hexerei.
Wilfried Dewald und Christian Häußler präsentieren in diesem Buch grundsätzliches Basiswissen zu Sicherheit, Bau und Betreibung mobiler Seilaufbauten. Vorschläge zur Umsetzung finden sich in über 30 detailliert dargestellten Spielen und Abenteueraktionen – outdoor und indoor, niederen wie hohen Seilaufbauten.
Hinweise zur einschlägigen Pädagogik und Ökologie runden das Buch ab.

Aus dem Inhalt:
Seile und Sicherheit – Material – Knoten – Fixpunkte – Spannvorrichtungen und Rücklaufsperren – Redundanz – Hüft-/Brustgurtproblematik – Seilführung bei redundanten Aufbauten – Spiele mit dem Seil – Abenteueraktionen mit dem Seil – Sicherungsmaßnahmen – sicherheitstechnische Interventionen – Hinweise zur Pädagogik – Planung – Präsentation – Durchführung – Reflexion – Hinweise zur Ökologie – Ausgewählte „Missgeschicke"

Praxisfeld
Drum prüfe, wer ans Seil sich bindet
Einführung in die Arbeit mit stationären Ropes-Courses
152 Seiten, Format 20 x 24 cm
57 Fotos / Abb. / Grafiken
19,80 € (D) / 20,40 € (A) / 35,00 sFr
ISBN 978-3-934 214-67-5 (Hardcover)

Der Stellenwert von Ropes-Course-Programmen ist in den letzten Jahren in der Erwachsenenbildung und insbesondere im Personalentwicklungsbereich, aber auch in der Jugendarbeit stark gestiegen. Das Buch richtet sich in erster Linie an Outdoor-Trainer und Erlebnispädagogen, die zur Unterstützung oder Auffrischung ihrer Ropes-Course Ausbildung Wissen vertiefen oder nachschlagen wollen. Es will die Diskussion um Qualität und Sicherheit von Ropes-Course-Programmen weiterführen und wach halten. Zu Beginn des Buches werden die Grundlagen für die Arbeit auf dem Ropes-Course erläutert, der zweite Teil gibt einen Überblick über Anleitungsmodelle erlebnispädagogischer Ropes-Course-Aktionen. Im Anhang befinden sich wichtige Checklisten und Fragebögen, die helfen, die Arbeit der Trainer zu erleichtern.

Peter Oster
Erste Hilfe Outdoor
Fit für Notfälle in freier Natur
3. überarbeitete Auflage
192 Seiten, Format 20 x 24 cm
Zahlreiche Abbildungen, Vierfarbdruck
24,80 € (D) / 25,50 € (A) / 46,00 sFr
ISBN 978-3-940 562-02-9 (Softcover)

Ein gebrochener Arm, ein verstauchter Fuß, akute Bauchschmerzen oder eine allergische Reaktion – all das ist in der Stadt für den modernen Rettungsdienst kein großes Problem. Doch wie sieht es aus, wenn man mitten im Wald, im Gebirge oder in der Wüste in eine solche Situation kommt? Wie kann man jetzt den Überblick behalten und die richtigen Entscheidungen treffen?
„Erste Hilfe Outdoor" ist mehr als nur ein Erste-Hilfe-Buch: speziell für Oudoor-Profis ist es wichtig, sich mit Fragen der Ausbildung, Ausrüstung, Teilnehmervoraussetzungen und der Organisation des Notfallmanagements zu beschäftigen. Denn medizinische Kenntnisse sind nur ein Element des Sicherheitsnetzes, das für jede Outdoor-Unternehmung wichtig ist. Alle beschriebenen Techniken sind in der Praxis erprobt und haben sich bewährt. Durch viele Abbildungen und witzige Illustrationen ist das Buch sehr anschaulich gestaltet. Es eignet sich somit hervorragend als Ergänzung zu einem Erste-Hilfe-Kurs oder zum Selbststudium.

Pit Rohwedder
Outdoor Leadership
Führungsfähigkeiten, Risiko-, Nofall- und Krisenmanagement für Outdoorprogramme
188 Seiten, Format 20 x 24 cm
73 Abb. / Graf. / Tab.
19,80 € (D) / 20,40 € (A) / 35,00 sFr
ISBN 978-3-940562-00-5 (Softcover)

Outdoorprogramme erfreuen sich nach wie vor zunehmender Beliebtheit. Das Buch möchte dazu einladen, differenzierte Führungsfähigkeiten zu entwickeln und konzentriert sich dabei hauptsächlich auf die weichen Faktoren (soft skills) für den Umgang mit Menschen in diesen Programmen. Hilfreiche Modelle aus der Persönlichkeits- und Sozialpsychologie liefern dabei praxisnahes Wissen. Die vorgestellten Risikomanagementstrategien bieten eine Vielzahl von Möglichkeiten zur Unfallvermeidung und berücksichtigen dabei neueste Erkenntnisse aus der Human Factor Forschung. Da sich auch bei größter Vorsicht Unfälle nicht völlig verhindern lassen, werden bewährte Ablaufstrukturen zum Notfall- und Krisenmanagement vorgestellt. Abschließend wendet sich das Buch der Erstellung von Sicherheitskonzepten zu.

Aus dem Inhalt:
Führen und Leiten von Gruppen – Auftrags- und Rollenklärung – Kommunikation – Persönlichkeits- und Sozialpsychologische Aspekte – Dynamik und Entwicklung in Gruppen – Sicherheitsbedürfnisse und Risikomanagement – Notfallmanagement – Krisenmanagement- und Intervention Sicherheitsmanagement

Fordern Sie den aktuellen Verlagskatalog an oder sehen Sie ins Internet: www.ziel-verlag.de

Bestellungen bitte an:
ZIEL – Zentrum für interdisziplinäres erfahrungsorientiertes Lernen GmbH
Zeuggasse 7-9, 86150 Augsburg
Tel. (08 21) 420 99 77, Fax (08 21) 420 99 78
E-Mail: bestellung@ziel.org

Die Bücher unserer „gelben Reihe" zu erlebnispädagogischen und handlungsorientierten Themen – meist im Hardcover – sind eine ideale Verknüpfung von theoretischem Wissen und Anwendung in der Praxis. Die anregende und abwechslungsreiche Gestaltung, anschauliche Grafiken und die verständliche Sprache erhöhen den Gebrauchswert der Publikationen.

 www.ziel-verlag.de
... und bei Ihrem Buchhändler!